PROMENADES EN RUSSIE

Châteauroux. — Typographie et Lithographie A. Majesté et L. Bouchardeau.

SAINT-PÉTERSBOURG. — PLACE DU PALAIS IMPÉRIAL.

PROMENADES
EN RUSSIE

PAR

ED. BALCAM

Illustrations de A. de BAR, FOULQUIER, STEIN, etc.

TROISIÈME ÉDITION

PARIS

LIBRAIRIE CHARLES DELAGRAVE

15, RUE SOUFFLOT, 15

1894

AVANT-PROPOS

Les pages qui suivent ne sont pas destinées
à augmenter le nombre des œuvres importantes qui ont été publiées sur la Russie.

Notre but est modeste.

Nous nous adressons surtout au public nombreux de la jeunesse et nous essayons, dans
ces rapides promenades en Russie, d'esquisser
un tableau fidèle de la situation de ce grand
pays, de façon à permettre à ceux qui le liront
d'avoir une connaissance superficielle certainement, mais suffisante à beaucoup d'égards,
de l'état actuel de la Russie.

Ces « Promenades » sont écrites d'après un remarquable ouvrage anglais paru à Londres, il y a quelque temps, sous le titre de « *A Summer Tour in Russia*, par *M. A. Gallenga* ». Nous avons traduit cet ouvrage, et si nous n'en donnons pas ici une reproduction complète, c'est qu'il ne répond qu'imparfaitement au but que nous avons eu en vue. Cependant, bien que remanié, notre livre tient encore assez de l'original, pour que ce soit pour nous un devoir agréable de le faire connaître à nos lecteurs.

ED. B

PROMENADES EN RUSSIE

CHAPITRE PREMIER

Les voyages en général.

Quand on met le pied pour la première fois sur le
territoire du Czar, outre l'intérêt qu'éveille toujours
la nouveauté, on ne peut se défendre d'un vague sentiment de mélancolie. C'est ce même sentiment qui
est ressenti en pleine mer, ou dans une grande plaine
déserte : l'infini frappe l'esprit humain et le rend
sérieux. Les vastes dimensions de cet immense
Empire font naître des réflexions du même genre.

Pour se rendre bien compte de son étendue il faut
la comparer à des mesures familières. Que l'on
prenne une carte, par exemple : on s'apercevra que
la Russie d'Europe, — à elle seule la plus petite moitié de l'Empire, — occupe la moitié du continent

et que l'autre moitié couvre presque le tiers du continent asiatique.

Un voyageur anglais qui a visité les possessions
du Czar nous apprend que, sans en sortir, pendant
cinq mois il a parcouru 2600 milles en chemin de
fer, 5700 en bateau et 3000 autres en voiture, en
tout 11,000 milles environ, presque toujours en ligne
droite. C'est une longueur de plus de 4000 lieues!
La plus grande dimension de la France est une ligne
Nord et Sud qui mesure environ 220 lieues. Une ligne
vingt fois plus longue peut donc se tirer tout entière
sur le territoire russe.

C'est là, en vérité, un grand État, et si l'étendue
d'un pays peut être un sujet d'orgueil, nos amis les
Russes ont bien raison d'être fiers! Mais pour les
Etats, aussi bien que pour les simples mortels, les
proportions gigantesques ne font pas le bonheur. Les
géants ne sont pas toujours les plus robustes, et à la
guerre ils ont ce désavantage d'offrir un but plus sûr
aux armes modernes, en face desquelles on ne se croit
jamais trop petit.

De même, pour la Russie, sa grande masse est
un embarras. De plus, la nature n'est pas venue à
l'aide de ses habitants, comme elle l'a fait ailleurs.
Ainsi, sur le continent occidental, — aux États-Unis,

au Brésil, par exemple, — de grands cours d'eau na-
vigables mettent en relation ces grands espaces avec
le reste du monde. — La Russie, il est vrai, possède
aussi de grands fleuves en Europe et en Asie. Ils sont
même reliés entre eux par des canaux, grâce à la
prévoyance de Pierre le Grand, de façon à former un
vaste réseau maritime. Mais à quoi sert? dès l'instant qu'ils débouchent tous soit dans l'océan Glacial,
soit dans la Baltique, dans la Caspienne ou la mer
Noire, qui, les unes, sont prises par les glaces pendant
plusieurs mois de l'année, les autres, bloquées par la
terre ou n'ayant pour issues que des détroits situés en
pays étrangers ou hostiles à l'expansion russe.

Aussi, est-ce dans un pareil pays que l'établissement
des chemins de fer était désirable. Le malheur de la
Russie est de s'être mise trop tard à l'œuvre. Son
réseau ferré ne présentait, au 1er juillet 1880, que
23,516 1/2 kilomètres pour une superficie générale de
21,759,974 kilomètres carrés, et une population de
88 millions d'âmes. Celui des États-Unis, au contraire,
s'étend sur 150,746 kilomètres pour 9,325,000 kilomètres carrés de superficie et 50 millions d'habitants.
Ce retard dans le développement des voies de communication de la Russie ne pouvait manquer d'avoir
de graves conséquences pour ses intérêts économi-

ques et politiques. En 1855, ses opérations contre
les Alliés en souffrirent ; sur les marchés des céréales
de l'Angleterre et de l'Europe occidentale, l'Amérique
prend facilement les devants sur elle. C'est autant de
terrain perdu dans la bataille de la vie, dans cette
lutte incessante que la Russie livre à sa situation
géographique, — lutte dont témoignent à chaque
page l'histoire de ce pays et la politique de ses gouvernements.

L'économie de temps que réalisent les chemins de
fer est donc plus importante en Russie qu'ailleurs.
Ainsi, de Saint-Pétersbourg à Moscou, on se rend
aujourd'hui en 15 heures ; naguère, du temps de la
poste, tout ce que l'on obtenait, et avec les plus
grands efforts, c'était de transporter le courrier
impérial d'une ville à l'autre en cinq jours et cinq
nuits.

On entend dire souvent que, depuis les chemins
de fer, les voyages ont perdu en pittoresque, en im-
prévu : on regrette les charmes des anciennes routes,
parcs ombragés, bruyères caressées par la brise. On
se rappelle agréablement les relais sur la grande place
des villes et des villages, en un mot, cette vie intime
du pays, que l'on surprenait pendant les courts
arrêts des diligences. Jusqu'à un certain point, ces

regrets ont leur raison d'être, surtout dans certaines contrées.

Mais en Russie, il faut le reconnaître, on ne saurait les avoir. Le pays, en général, est monotone : de grandes plaines qui s'étendent à perte de vue et que la voûte bleue ou grise du ciel limite à l'horizon, donnant ainsi l'idée exacte de l'univers, tel que le concevait l'homme, avant que Galilée ne lui eût posé, sur le nez, les lunettes qui lui ont permis de voir plus d'un monde ; puis de légères ondulations du terrain ; de temps à autre, quelques petites buttes ; des bois interminables et tristes, non des forêts, mais de chétifs bouleaux, des sapins pauvres et rabougris ; quelquefois, une terre grossièrement défrichée ou de maigres pâturages. Plus loin, d'immenses champs de seigle, quelques carrés de froment, d'orge et de pommes de terre, sans haies, sans fossés, livrés sans défense aux incursions du bétail ; un sol sablonneux, contenant du sel, et, selon toute apparence, partout difficilement amendable ; en un mot, un sentiment profond d'abandon.

A de grandes distances, on aperçoit des huttes en bois et des granges ; des chevaux, des vaches, des moutons, des dindons et des oies par troupes et sans maîtres. Dans le lointain, les dômes élevés des églises

ou les hautes cheminées d'usines témoignent de l'existence des villes. Près des stations, ce sont de grandes
piles de bûches, de dimensions et de nuances variées,
solidement exhaussées et présentant, en somme, un
bizarre effet d'architecture.

Tel est le tableau qui se déroule sous les yeux du
voyageur, pendant que le train l'emporte de son al-
lure peu pressée. Il ne faudrait pas en conclure que
ce soit là une description complète de la campagne
russe. Les lignes de chemins de fer qui relient Saint-
Pétersbourg et Moscou, ou qui desservent les provinces de la Baltique, traversent des pays plus favo-
risés, et la suite nous montrera que la Russie possède
aussi des sites charmants ou grandioses, et un sol
qui est loin d'être partout aussi maigre.

Les voyages en Russie se font aujourd'hui aussi
confortablement que dans les pays les plus avancés
en luxe et civilisation. Dans les grandes villes, les
hôtels sont tout simplement magnifiques; dans les
villes moyennes, à Kazan, Kief, Tiflis, etc..., ils valent
bien ceux d'Espagne ou d'Italie. La plupart de ces
établissements sont tenus par des Allemands, des
Français, des Suisses et des Italiens; les domestiques
sont recrutés parmi les Tartares. Ce sont, en général, des entreprises privées, gérées par le propriétaire

lui-même, ce qui peut paraître un avantage. Dans chaque chambre, des tableaux font connaître, en langues différentes, les prix de la pension et du logement, et, à la fin de chaque semaine, les « bills » sont réglés. De là, nul besoin de marchander, tout est à prix fixe. Nous ne serons que juste en remarquant ici que cet empressement à manquer au huitième commandement, dont on accuse volontiers le bas peuple en Russie, a été très exagéré et bien à tort.

Dans les pauvres villages, dans les postes solitaires, le voyageur ne manque jamais de trouver du pain frais, noir il est vrai, des œufs et du thé excellent, ce thé si pur et si finement parfumé qu'on ne trouve qu'en Russie.

Sur la steppe, dans les districts cosaques et tartares, l'aménagement est peut-être plus primitif ; mais il est rare qu'on en soit réduit à la dure nécessité de se coucher sans un dîner ou un souper quelconques. Ce qui manque réellement, même dans les hôtels de premier ordre, c'est l'eau. Cet élément ne jouit pas, en Russie, d'une considération très grande ; mais chaque peuple a ses coutumes, et quand on voyage, la première condition est de savoir s'y prêter.

Il y a un bien plus grand désagrément en Russie : c'est que les voyages y sont très coûteux. Jadis les

prix des places sur les chemins de fer étaient modé-
rés, mais il n'en est plus de même aujourd'hui,
par suite des taxes imposées par l'État. Les dépenses d'hôtel, de blanchissage, de voiture, les
faux frais de toutes sortes, sont élevés. C'est la
principale raison qui fait qu'il y a relativement peu
de touristes dans ce pays. On rencontre un assez
grand nombre de voyageurs de l'Inde et d'ailleurs,
en route pour leur « home » ; mais ils vont au
plus vite, traversant l'Empire, d'Odessa à Saint-
Pétersbourg, et rentrant par la Baltique ou les
lignes internationales de l'Allemagne ; s'ils s'arrê-
tent dans les grands centres, ce n'est que pour
quelques heures ; et, pour ce qui est du pays, ils
en connaissent tout juste assez pour pouvoir dire
sans mentir qu'ils l'ont vu.

CHAPITRE II

Saint-Pétersbourg. — Pierre le Grand.

La phrase par laquelle le vieux poète latin dési-
gnait les premiers habitants de la Grande-Bretagne,
« Divisi toto orbe », pourrait s'appliquer plus exactement encore aux populations de la Russie, pendant
de longs siècles. Elles vivaient, isolées du reste du
monde, entourées par l'eau ou le désert.

Cet isolement n'affectait pas beaucoup les peuplades
Scythes et Sarmates qui paraissent avoir occupé,
des premières, ces vastes plaines. C'étaient des tribus
pastorales et nomades, dont les troupeaux constituaient la principale richesse, la caravane leur moyen
de trafic. Elles ne connaissaient et ne désiraient rien,
en dehors de ces immenses étendues, sur lesquelles
elles erraient à volonté, sans risquer d'en franchir ou
seulement d'en rencontrer les limites.

Mais quand la Scythie devint la Russie; quand
Ruric et ses Warœgs ou Warangiens de la Scandi-
navie s'établirent dans le pays, comme leurs cousins
de la Normandie l'avaient fait dans la Neustrie, l'Angleterre et les Deux-Siciles, arrivant en hôtes ou en
auxiliaires pour y demeurer en maîtres et conquérants, une vie nouvelle se répandit sur le continent.
Ces nouveaux venus apportaient leurs allures
bruyantes, leur esprit d'entreprise et leur goût du
pillage qui les poussèrent bientôt à s'avancer jusqu'à
Constantinople ; d'où ils ramenèrent dans leurs bagages le christianisme pour le peuple, des épouses
impériales pour leurs princes et en outre, pour tous,
un sentiment confus de la civilisation dont ils
avaient été les témoins, et vers laquelle ils se sen-
taient vaguement attirés.

Alors pendant plus de sept siècles, de 862 à 1598,
les princes de la maison de Ruric résidèrent tantôt
à Novgorod-la-Grande, tantôt à Kief, à Wladimir,
enfin à Moscou, — d'abord en qualité de princes,
puis de grands-princes ou grands-ducs, en dernier
lieu, comme *czars* ou *tzars*. Ils accomplirent leur
mission, qui était de lutter pour la domination, et
pour atteindre aux confins du monde civilisé.

Mais les dissensions intimes, le flot envahisseur

des Mongols, dont les princes russes ne furent que
les vassaux, pendant près de deux siècles et demi
(1220-1462) ; plus tard, les longues guerres contre
les Suédois, les Polonais, les Turcs et autres puissants voisins arrêtèrent la marche de la Russie vers
ses destinées. L'extinction de la descendance mâle
de Ruric, en 1598, et l'avènement de la maison des
Romanoff, après un interrègne plein d'orages et de
désastres, en 1614, préparèrent, dans le pays, la
venue de l'homme qui devait comprendre les événements du passé, sentir les instincts de la Russie, et
qui sut les graver, en caractères ineffaçables, dans
sa forte volonté.

Pierre le Grand (1689-1725), bien que fils du czar,
n'était pas, à vrai dire, né dans la pourpre, quoique
cependant il n'eût pas été élevé à l'école bienfai-
sante de l'adversité. Sa demi-sœur, Sophie, déploya
tout ce qu'elle avait de ressources, non seulement
pour le supplanter, mais pour l'énerver et le cor-
rompre dès son plus jeune âge. Mais les moyens
dont elle usa tournèrent contre elle. Parmi les nombreux jeunes gens choisis parmi les moins recommandables pour être les pourvoyeurs des plaisirs
et les compagnons de débauches de son frère, se
trouvaient quelques étrangers : Lefort, de Suisse, —

Gordon, d'Écosse, et autres. Ceux-ci représentaient à Pierre la vie civilisée de leurs pays natals sous des couleurs brillantes qui enflammèrent l'imagination du prince. Entre ses mains, ils devinrent des instruments dont il se servit pour arracher son pays de la barbarie, en « l'européanisant ».

Pierre le Grand, à tous égards, était le vrai type du Russe primitif. Il possédait cette faculté de perception et cette fidélité de mémoire particulières à la race slave ; de plus une grande puissance d'imitation, avec peu ou point de génie créateur. Il avait une volonté ardente et indomptable, une patience et une persévérance à toute épreuve, une abnégation de lui-même qui touchait à l'héroïsme, et un sentiment exact du bien et du mal qui étaient en lui. Pierre étouffait, resserré dans les limites de son empire. Pour lui, la Russie était une maison sans portes ni fenêtres ; un pauvre être humain privé, en naissant, de la vue, de l'ouïe et de la langue, entièrement condamné à vivre loin du monde extérieur. Le grand czar soupirait pour l'air, et il sentait qu'il faudrait se battre pour en avoir. — Il lui fallait une armée et une marine, et il résolut de les faire sortir du sein de son peuple, encore plus qu'à moitié abruti, aussi facilement qu'il les conçut dans son imagination. C'est

alors qu'il fit venir des mercenaires étrangers à sa
solde, soldats comme officiers ; il alla en Hollande et
en Angleterre chercher des modèles de vaisseaux.
Bientôt, enfin, il fut en situation de paraître sur les
champs de bataille. Il lutta contre la Suède et la
Pologne pour les provinces de la Baltique. Il fut battu ;
mais ses défaites lui apprirent à gagner les batailles,
et à son tour il remporta des victoires, là où il avait
essuyé des défaites. Il enleva l'Esthonie, la Livonie,
une partie de la Finlande, et ce qu'il prisait par-des-
sus tout, les districts d'Ingrie et de Carélie, où il
devait fonder, en 1703, la ville à laquelle il a donné
son nom, appelée à tort Saint-Pétersbourg (1).

Ce n'était pas au hasard qu'il avait choisi cet emplacement ; la ville, en effet, s'éleva à l'embouchure
de la Néva, près de l'endroit où cette rivière sort du
grand lac Ladoga. C'était déjà le port naturel de la
Russie ; c'est là que les bateaux plats de la vieille
cité libre Novgorod-la-Grande, la Venise russe, en
venant du lac d'Ilmen, après avoir suivi le Volkoff et
traversé le lac Ladoga, entraient dans la Néva
qui les menait en haute mer ; c'est par cette voie
qu'eux seuls mettaient en communication avec les

(1) Peter's burg.

villes hanséatiques le commerce de la Russie. Pierre fit aussi des efforts prodigieux pour s'étendre dans le Sud; mais il fut moins heureux de ce côté. En Turquie comme en Pologne, il laissa à Catherine II et à ses successeurs la tâche de mettre la main à son grand programme; et il mourut, laissant, après lui, ce fameux testament qui n'a jamais été écrit, comme on l'a supposé, mais qui est resté gravé dans chaque action de sa vie et de son règne, et en vertu duquel ses descendants ne devaient pas prendre un instant de repos avant de s'être frayé un chemin vers les autres nations du monde, et d'avoir atteint leurs limites naturelles sur les bords de la Méditerranée, de la mer Caspienne et du golfe Persique. Les successeurs de Pierre n'ont jamais perdu de vue l'exécution de ce plan grandiose; mais aucun de ces règnes ne se trouva à la hauteur du sien avant celui de Catherine II, qui se montra supérieure à lui par la largeur des vues et la culture de l'esprit.

La question que l'on pourrait se poser, en présence de cette expansion prodigieuse des Russes dans le monde, est de rechercher jusqu'à quel point l'exécution à la lettre du testament peut être favorable à la Russie. Le grand czar avait-il en vue la conquête absolue de nouveaux territoires, ou ne

cherchait-il surtout que des débouchés, des ouvertures
à l'habitation que la Providence lui avait réservée ?

C'est un point délicat sur lequel les esprits se
partagent, et que nous nous garderons d'approfon-
dir ici. Constatons seulement que, de tout temps, les
dimensions du pays ont été hors de proportion avec
la population ; aujourd'hui encore, tandis que la superficie de l'Empire représente un sixième du monde
habitable, sa population ne surpasse guère celle
des deux États voisins réunis, l'Allemagne et l'Au-
triche. Elle n'augmente pas plus vite que celle des
États les plus industrieux et les plus prospères de
l'Europe et de l'Amérique, ce qui est relativement
insuffisant.

Le climat et la nature du sol contribuent pour
une grande part à restreindre le développement physique et moral de la population. En ce pays, l'extrême
chaleur et l'extrême froid se partagent l'année; entre
l'époque de la première qui est accablante et pousse
à la nonchalance, et celle du froid qui est si rigoureux qu'il condamne à une réclusion malsaine, il n'y
a pas de milieu, — pas de saison moyenne pendant
laquelle l'homme, sortant de l'hiver, pourrait rani-
mer ses membres engourdis, en se préparant à supporter sans peine les chaleurs de l'été.

Saint-Pétersbourg s'étend comme un immense alligator, une partie dans le marais, l'autre au-dessus ; elle rappelle Amsterdam et Venise. Quel magnifique panorama quand on la contemple du haut de la colonne d'Alexandre ou de la galerie qui entoure le dôme de l'église d'Isaac ! Quelles interminables « perspectives » ou boulevards comme nous dirions en français ! Tout est grand, les espaces libres et les distances, les longues files de murailles, les rues plantées d'arbres, les belles avenues qui ont l'air d'avoir été imaginées pour que la ville puisse s'échapper par elles ! Une cité d'églises, de couvents, de palais, de coupoles, de clochers et de monuments ; tous les styles d'Europe et d'Asie, bizarres, originaux ou fades imitations, la plupart d'un grand air, massifs, posés dans l'espace, au hasard, sur un plan parfaitement droit, et jamais par groupes ; partout on a recherché l'effet ou le pittoresque. Ville de princes, de banquiers opulents, ou de riches négociants ; rien de médiocre, sans bas quartiers, sans étalages de guenilles ! Point de pauvres, sauf dans les hôpitaux ; point de mendiants, sauf aux portes des églises. Tout ce qui pourrait déplaire à la vue est caché avec soin.

Le tout couvre une trentaine de kilomètres, labyrinthe d'îles et d'îlots, de ponts, de quais, de rivière, de bras de rivière et de canaux.

Quand on a dit que cette ville est l'œuvre d'un seul homme, qu'il n'y a eu qu'un plan et qu'un but, on a tout dit. Sa création n'était pas indiquée par la Providence ; on peut redouter aussi qu'elle ne soit pas de celles qui subsistent ! Sa fondation, cependant, a été une grande pensée.

On peut se demander si Pierre le Grand eut jamais l'idée d'en faire une résidence et une capitale définitives. Aussi tard dans son règne, qu'en 1724, sept mois avant de mourir, ce n'est pas à Saint-Pétersbourg, mais bien à Moscou, que fut célébré le couronnement de Catherine, son épouse, et depuis c'est toujours à Moscou qu'ont eu lieu ces cérémonies. S'il a passé tant de temps sur les lieux, c'est qu'une œuvre de ce genre est de celles qui réclament la présence continuelle du maître ; au surplus, ce qu'il recherchait c'était un port, et il ne pouvait rien trouver de mieux dans les circonstances. Il le bâtit en terre conquise, en dehors des limites de la vieille Russie, au milieu d'une population finnoise, dépendant jadis de la Suède. Les travailleurs, il les trouvait dans les esclaves de toutes les provinces ; il mit dans l'achèvement de son œuvre 100,000 vies humaines ; il payait le travail au même prix que les

anciens rois d'Egypte quand ils élevaient les pyramides. L'emplacement était un marécage malsain et
peu sûr; si peu sûr que quelques-uns des principaux
monuments, le monolithe d'Alexandre Ier et l'église
d'Isaac, montrent, par leurs profondes crevasses,
la rapide destruction à laquelle ils sont condamnés
par la mobilité du sol inférieur; — très peu sûr en
outre, parce qu'il est exposé aux inondations pério-
diques comme l'ancienne Rome. Déjà la ville a été
inondée sept fois depuis 1803; et même en 1880 les
eaux ont monté de plus de dix pieds au-dessus du
niveau normal, chassant les habitants des caves et
des sous-sols, et des villas élevées sur les îles basses.
.. Pendant longtemps on s'est demandé si la ville
n'était pas exposée à une submersion complète. On
basait cette hypothèse sur la position du golfe de
Finlande ouvert aux grands vents d'ouest; lors de la
fonte des neiges, les eaux considérablement accrues
pouvaient être violemment repoussées sur la ville,
emportant dans leur course rapide les blocs de glace
détachés de la terre! Quoi qu'il en soit, la ville a aujourd'hui 180 années d'existence, et la catastrophe
est indéfiniment ajournée; en attendant, on dort
tranquille à Saint-Pétersbourg, sans songer le moins
du monde à une aussi épouvantable éventualité.

CHAPITRE III

Moscou. — Le Kremlin.

Moscou! Moscou! criaient les soldats de Napoléon Ier quand, du haut des collines qui la dominent, ils se montraient l'un à l'autre cette ville sacrée qu'on leur avait signalée comme le terme de leurs fatigues et la récompense de leurs peines. Quelle était leur erreur !

Quand le train arrive sur ces collines d'où le voyageur aperçoit les premiers clochers et les dômes de la ville, on est envahi par une multitude de souvenirs historiques.

Depuis le temps où l'histoire de la Russie sort des nimbes de la tradition, jusqu'au règne de Pierre le Grand, il n'y a peut-être pas un épisode qui ne soit rappelé par un monument, un édifice ou un point quelconque de Moscou.

Voici, par exemple, sur la place du Grand-Bazar, en face du Kremlin, un groupe en bronze ; il rappelle un événement qui précéda de deux siècles la grande catastrophe de 1812. A cette époque, la cité avait été envahie par les Polonais qui la pillaient et la livraient aux flammes. Leur roi, Sigismond III, était résolu à placer la couronne sur la tête de son fils Vladislas. C'est alors, quand tout semblait perdu, que deux hommes parurent sur la scène, Minin et Pojarski, le premier un paysan, l'autre un boïard. Seuls, ils ne désespérèrent pas. Ils firent un suprême appel au patriotisme, improvisèrent une armée et chassèrent au loin les envahisseurs ! — préparant ainsi les voies à la dynastie des Romanoff.

Moscou est intimement liée à l'histoire du pays ; mais en dehors des souvenirs glorieux et presque toujours douloureux qu'elle éveille, il suffit qu'elle diffère de toutes les autres villes pour exciter la curiosité des étrangers.

Imaginez le bizarre assemblage des couleurs les plus diverses, réunies pêle-mêle sur la palette d'un peintre insensé ; c'est l'effet que produit Moscou, à première vue. Elle apparaît dans toute sa beauté fantastique, dominée par la masse du Kremlin, splendide aux rayons du soleil couchant avec les coupoles

dorées et les clochers bulbeux, multicolores, d'environ quatre cents églises ou monastères, même davantage, si l'on y comprend les chapelles.

Moscou présente un contraste frappant avec Saint-
Pétersbourg. Du Kremlin, centre de la ville, à la ville
chinoise, qui n'a de chinois que le nom, de celle-ci
à la ville blanche, et enfin aux faubourgs qui entourent cette cité circulaire d'une circonférence de
16 kilomètres, pas une rue n'est droite, pas un centi
mètre de surface plane. Quand elle sortit des ruines
en 1812, on ne tint aucun compte des anciennes
grandes lignes qui la divisaient en cercles concen-
triques, des murailles régulières et des fossés qui
entouraient, auparavant, les différents quartiers.
Chacun se hâta de rebâtir sa maison là, et comme il
pouvait, sans se soucier du voisin. De là, ce pêle-
mêle de constructions, grandes et petites, publiques
et privées : palais somptueux à côté d'une bicoque
chétive, une église magnifique adossée à une rangée
de boutiques sordides. Les maisons, les palais, les
églises, les magasins de toutes sortes présentent la
plus drôle des confusions : ici, les uns sur les autres,
entassés ; là, isolés et à l'aise entre cours et jardins,
formant des rues qui tournent autour d'eux, tantôt
larges, tantôt étroites, toujours tortueuses et an-

gulaires. Cet ensemble merveilleux d'irrégularités
charme l'œil par les variétés des dimensions, des
styles et des couleurs, le tout rehaussé par les ondulations naturelles du terrain ; et de chaque hauteur,
de chaque angle de rue, des perspectives nouvelles.

Pour tout Européen, Moscou est une cité unique
en son genre. Mais pour le Russe, elle est bien plus :
c'est la ville russe : non pas comme Saint-Pétersbourg,
le salon diplomatique de l'Empire, son laboratoire
administratif et sa place d'armes ; mais elle est la
Ville Sainte, prototype de toutes. Plusieurs autres,
en Russie, ont, en effet, leur Kremlin, leur cité chinoise ou blanche, avec leurs dômes dorés, leurs
cloches monstres dont Moscou est si fière ! Elle est
encore et, avant tout, le grand salon de famille pa-
triarcal de la vieille Russie, le foyer du développement le plus intime de ses aspirations politiques et
nationales.

Ce qu'il faut voir à Moscou, comme un abrégé de
tout ce qui s'y trouve, c'est le Kremlin, ancienne
résidence des czars. Cette citadelle, ce rempart suprême de tout ce que le pays et la ville peuvent avoir
de plus précieux et de plus sacré, le Kremlin, n'a
aucun rapport avec l'Acropole d'Athènes ou le Capi-
tole à Rome. Il ne faudrait pas croire qu'il occupe

une position dominante : par le fait, le Kremlin de
Moscou n'est pas une colline, à proprement parler;
car, d'un côté, on peut s'y rendre sans s'apercevoir
à peine de la pente, et de l'autre côté, au contraire,
on gravit une terrasse, couverte de jardins, inclinée
vers la rivière, dont elle ne domine le lit que d'une
trentaine de mètres.

C'est de ce côté que tout ce que la position contient de charme s'offre au visiteur ; du regard, il
parcourt les étranges constructions qui bordent le
champ de parade de l'antique citadelle; — ou bien
il admire le vaste panorama de la vallée de Moskwa,
cet humble cours d'eau qui a donné son nom à la
ville, et qui l'enlace de ses replis caressants, comme
s'il répugnait à la quitter.

Au delà de la rivière et de la vallée, au loin,
sont les collines des Moineaux, où Napoléon arrêta
son cheval, — puis d'autres ondulations de terrain
sur lesquelles s'étalent un grand nombre de petites
villes en amphithéâtre ; l'aspect est un chaos au
milieu duquel on s'égare tout d'abord, et dans
lequel on ne se retrouve pas sans peine.

Mais revenons au Kremlin.

C'est ici que le génie russe s'est surpassé. Il faut
dire cependant que plusieurs de ceux qui, dans le

principe, mirent la main à ces imposantes œuvres architecturales, venaient du versant méridional des Alpes, tantôt à la solde du czar, tantôt à celle du sultan. Ils ont doté le Kremlin de sa ligne de murailles crénelées, et des tours carrées des cinq portes massives qui lui donnent ce cachet de forteresse du moyen âge. C'est à eux que nous devons le style vieux-byzantin ou vieux semi-gothique de l'intérieur de l'église de l'Assomption, — cathédrale qui a vu le couronnement de tant de générations de souverains.

Mais les œuvres de ces premiers maîtres n'ont conservé aujourd'hui que quelques traces de leur génie. Elles ont subi, comme le reste, les outrages de la guerre et des sièges, des vents et des tempêtes, les désastres des flots et des incendies; elles ont passé par toutes les cruelles vicissitudes qui ont visité Moscou à travers les siècles. En outre, ce qui a survécu aux ravages des temps et des hommes fut souvent rendu méconnaissable, dans la suite, par les additions dues au génie primitif ou au goût plus ou moins judicieux des artistes indigènes, sous l'influence des prêtres.

Le dicton populaire évalue à « quarante fois quarante » le nombre des églises de toutes sortes à Mos-

cou; le Kremlin, à lui seul, en contient bien une
vingtaine. Cinq d'entre elles sont groupées autour
de la haute tour d'Yvan le Grand et tout près du
grand palais impérial de Nicholas. — Elles ne datent
pas toutes de la même époque; elles ont été bâties,
au hasard, sur un petit espace. Trois d'entre elles, —
l'*Assomption*, église du couronnement, l'*Archange-
Michel*, réservée aux services funèbres des czars,
l'*Annonciation*, ou se célèbrent les baptêmes et les
mariages impériaux, — sont des cathédrales. Ce
sont des édifices somptueux, badigeonnés en blanc
à l'extérieur, avec des fresques de vierges et de
saints sous les corniches et sur les linteaux des ouvertures. Tous sont surmontés de dômes, dorés ou
argentés, en forme de ballons. Il y en a généralement
cinq, mais quelquefois neuf, onze, ou même seize,
portant tous une croix, tous dorés, ainsi que le toit
lui-même; ce qui fait qu'on ne peut s'empêcher de
penser aux dépenses du client en même temps qu'au
génie des architectes.

Le palais Nicholas, le palais Impérial qui est de
second ordre, l'Arsenal, le Trésor et les autres édifices modernes, ressemblant à des casernes, ne sont
pas en rapport avec les édifices sacrés, les murailles
féodales qui entourent la Sainte-Coll ne. Ils nuisent

certainement à l'effet pittoresque et éblouissant, sinon toujours de bon goût. Les toits, surmontés de
leurs croix étincelantes ou de leurs grands aigles
noirs, aux ailes déployées, placés à tous les angles
et à tous les sommets, paraissent si bizarres et illo-
giquement placés, qu'on se demande si l'on a sous
les yeux l'œuvre posée des hommes, et non pas des
jouets destinés à des enfants de géants.

Et la « reine des cloches (*czar kolokol*) », avec sa
fêlure, qui pèse 200 tonnes, —l'ancien beffroi de Novgorod, gros bourdon qui ne sonne que trois fois
l'année, — le monstrueux, mais inutile, canon (*czar
putscha*), avec ses quatre gros boulets, qui défend
les trophées de la campagne de 1812, en face de
l'Arsenal, viennent encore fortifier l'opinion que ce
lieu sacré, le Kremlin, est une plaisanterie colossale,
l'œuvre d'une civilisation non encore sortie de l'en-
fance !

Mais la merveille, suprême entre toutes, se trouve
en dehors du Kremlin, et près de la porte du
Rédempteur, dont on ne franchit pas le seuil, le
chapeau sur la tête. C'est la fameuse église de Saint-
Bazile-le-Bienheureux.

Le czar Ivan le Terrible qui la fonda en était si
fier et si jaloux que, pour être sûr d'être le seul à

posséder une pareille merveille, il fit crever les yeux
au pauvre diable qui l'avait construite. C'est une
merveille à la vérité, mais d'un nouveau genre : pas
une partie de l'édifice n'est en harmonie avec l'autre ;
de symétrie, aucune, et l'on peut dire que l'extrava-
gance de la conception en assure la nouveauté et
d'originalité. L'église est la réunion de plusieurs
petites chapelles, sans nef et sans ailes, avec leurs
inévitables dômes, clochers et flèches, si bizarrement
assemblés qu'il n'est pas facile de les compter ou
d'en déterminer les positions relatives, les hauteurs
ou les dimensions. Les dômes émergent de ce fouillis
sous les aspects les plus divers, affectant tantôt la
forme d'un turban de Maure, tantôt celle d'une poire
ou d'un artichaut, d'un ananas ou d'un melon, ar-
més parfois de piquants. A l'extérieur, toute la surface du bâtiment est ornée de cannelures, festons et
guirlandes, recouverte d'une marqueterie de tuiles
de toutes formes et de couleurs diverses, brillant
au soleil comme les écailles d'un serpent et produi-
sant l'effet des morceaux de verre au fond des ka-
léidoscopes.

En définitive, toutes ces curiosités peuvent frap-
per un étranger ; mais aucune d'elles ne constitue
ce que l'on peut appeler le beau, — cet idéal dont

la recherche forme le progrès dans l'art et que l'on trouve plus ou moins dans tout chef-d'œuvre.

Outre ces édifices de culte, la ville Sainte possède des palais, des monastères, dont le plus riche est celui des Miracles, de 1365; des hôpitaux, dont l'un, fondé par Catherine II, peut recevoir 5,000 orphelins ou enfants trouvés, et enfin l'Université. Celle-ci, la plus florissante de l'Empire, possède plus de cent chaires, une bibliothèque de 155,000 volumes, et est fréquentée par 1,600 étudiants.

Avec tout cela, Moscou ne ressemble pas à une grande ville; on dirait plutôt de l'agglomération de plusieurs villes de province, disséminées, cependant, par groupes de gros villages, sur une grande étendue. Les distances, en effet, y sont très grandes, comme dans toutes les villes russes. Aussi les voitures y sont-elles fort utiles; on les voit stationner, au coin des rues, attelées de petits chevaux ardents qui vont comme le vent sur un terrain plat.

Mais hélas! il n'y a pas de terrain plat en Russie, et la droski est un diable de véhicule, court et étroit, sans dossier, où les genoux ne trouvent pas leur place, et où l'on est assis dans l'équilibre le plus instable et nullement à l'aise. L'isvostchick, ou cocher, conduit horriblement mal, accrochant tout ce qui se

rencontre au passage, de sorte que le voyageur, ca-
holé par le pavé inégal, se cramponne de toutes ses
forces à son banc, prêt à verser à tout moment, —
ce qui n'arrive guère, — il faut le reconnaître.

CHAPITRE IV

L'Église et le Peuple.

Il n'y a pas, sous la vaste domination de la Russie, moins de vingt cultes différents ; mais l'Église nationale orthodoxe comprend à elle seule, officiellemei t du moins, les trois quarts des sujets de l'empereur.

L'Eglise russe n'a pas pris ses racines en Russie : elle est d'importation grecque, et c'est le patriarche de Constantinople qui l'a gouvernée jusqu'au seizième siècle. Elle était indépendante dans l'Etat, quand Pierre le Grand abolit le patriarchat, en 1700, et voulant la soumettre à un régime qui la plaçât plus directement sous sa dépendance, établit, en 1721, le Saint-Synode qui fonctionne encore comme le troisième corps de l'État en Russie, et représente, sous le contrôle suprême du monarque, le pouvoir exécutif de l'Église nationale.

Ainsi placée, depuis lors, sous la protection du bras séculier, elle obtint la paix aux dépens de la liberté, pendant que sa sœur, l'Église romaine, lancée dans une carrière ambitieuse, visant toujours à la domination, eut à soutenir des luttes continuelles contre les souverains et les peuples.

La position dominante de l'Église gréco-russe n'implique pas cependant l'unité parfaite du culte et des croyances: A côté de l'Église nationale, s'est élevé un grand schisme intérieur qui comprend une centaine de sectes dissidentes. La divergence en matière de foi n'y a, d'ailleurs, que la moindre part. Une réforme apportée dans la liturgie par le patriarche Nicon, vers le milieu du XVIIe siècle, donna le signal du schisme. C'est de ce moment que date l'Église populaire, celle des *Vieux-Croyants* ou *Staroveres*, restés attachés depuis avec une inébranlable fermeté au rituel et à la coutume des ancêtres ; ils sont, en quelque sorte, à l'Église nationale ce que sont les Protestants à l'Église romaine. Ils se distinguent des orthodoxes par des habitudes pluslaborieuses et une moralité plus sévère.

Les divisions et les sous-divisions s'introduisirent ensuite peu à peu, et donnèrent naissance à des sectes diverses, quelques-unes fanatiques, telles que celle

ÉGLISE RUSSE.

des *Malokani* (buveurs de lait), celle des *Eunuques*, celle des *Flagellants*.

Il va sans dire que les dissidents ne furent jamais reconnus par l'État ni par l'Église officielle ; il est juste d'ajouter que plusieurs de ces sectes sont nuisibles à la morale et à l'ordre social.

L'empereur Nicholas, qui n'admettait que l'orthodoxie rigoureuse et exclusive, persécuta, exila en Sibérie, se servit de tous les moyens à la disposition d'un gouvernement ultrà-despotique pour réduire les Vieux-Croyants. Il n'obtint qu'un résultat, le seul que ces mesures fournissent, une soumission apparente : les uns abjurèrent, mais avec des restrictions mentales, changeant ainsi de conduite, non de convictions ; d'autres, plus fermes, s'exilèrent volontairement dans les régions les plus reculées de l'Empire.

Son fils et successeur, Alexandre II, au caractère bienveillant mais faible, voulut défaire en matière religieuse, comme en beaucoup d'autres, une partie de ce qui existait. Dès le début de son règne, il proclama la liberté religieuse au nom des droits de la conscience. Mais il rencontra une opposition assez vive de la part des conservateurs, et put s'apercevoir que le Saint-Synode était moins porté à la tolérance qu'il n'avait été disposé à la violence sous Nicholas. Aussi, les Vieux-Croyants, qui avaient compté sur la liberté, furent-ils éclairés sur leur situation précaire, et comprirent-ils qu'ils ne pouvaient laisser de côté les précautions, la discrétion prudente, convenables aux gens qui savent qu'ils ne sont que tolérés. Etant donné qu'une bonne part du peuple russe est attachée à cette secte ou à ses dérivées, on s'explique que la dissimulation et l'hypocrisie, qui sont le propre des races orientales, se soient invétérées profondément dans le peuple russe, sous l'influence d'un despotisme implacable.

Ce qui frappe à Moscou, nous l'avons dit, c'est le nombre considérable d'églises, chapelles grandes et petites que l'on rencontre. Il n'y a pas une muraille, une porte, un bazar, une boutique ou une maison particulière qui n'ait son *Icon* ou « image sacrée », devant laquelle nul ne passerait sans se découvrir et se signer. Souvent l'on s'arrête, l'on se range en demi-cercle, et pendant quelques instants on se livre à des courbettes saccadées, des signes de croix, avec tout l'extérieur d'une dévotion ardente que l'on ne constate pas dans les pays catholiques. De même, en Russie, l'on voit plus d'hommes que de femmes dans l'intérieur des églises : c'est le contraire de ce qui se voit en France, par exemple. L'air calme et recueilli, les hommes remuent rarement les lèvres, ne manquent pas une génuflexion ni un seul de ces mouvements brusques et saccadés qui tiennent une si grande place dans le culte orthodoxe. Au surplus, l'instinct religieux du peuple est remarquable : l'Église est partout, on la rencontre en tout. Il serait bien à désirer qu'elle pût toucher les cœurs des fidèles, comme il paraît qu'elle réussit à captiver leurs sens, et à lever un fort tribut sur leurs bourses. Là-bas, cependant, comme en beaucoup d'autres pays, le clergé passe pour mourir de faim ; mais, à en juger par ce qu'on peut voir à Moscou des églises, de leurs ornements splendides et de la pompe des cérémonies, une opinion différente paraît plus plausible.

Dans le monastère de la Trinité, à deux heures de Moscou, il y a dix églises ; les autels sont en argent pur, pesant 1,000 livres ; les rangées de statuettes sont sculptées dans l'or massif ; les costumes des prêtres valent, à eux seuls, plus de 250,000 francs, sans compter les perles, les diamants, les saphirs — Ce n'est pas là de la pauvreté. — On pourrai

en dire autant des monastères de Saint-Pétersbourg,
de Kief, et de l'Asile de Solovetsk, sur les bords de la
mer Blanche. — Des milliers de pèlerins visitent
ces établissements, non sans y déposer leurs au-
mônes, dont l'importance fait mieux que de com-
penser pour les cloîtres la perte de leurs anciens
biens sécularisés par le grand czar.

Les cierges qui brûlent devant les autels des
églises et des chapelles sont, en général, les offrandes
des fidèles ; il y a à Saint-Pétersbourg une église
dont le revenu, en cire seulement, monte à 11,000
roubles. C'est une manière de subvenir aux besoins
des prêtres.

Tout le monde connaît à Rome *le Bambino*,
dont la présence au chevet des femmes est considérée
comme la meilleure sauvegarde à certaines heures.
En Russie, il ne manque pas de madones de ce genre ;
des inscriptions font connaître leurs privilèges spé-
ciaux et elles sont toujours au service de la pauvre
humanité. Mais pas une ne peut rivaliser sous ce
rapport avec l'Iverskaïa Mater (mère de l'Ibérie).
Apportée de la Géorgie, elle a élu domicile à la porte
Volkresendi, près du Kremlin. — Cette digne dame
ne sort jamais qu'en carrosse à six chevaux et
seulement pour visiter les malades qui consentent à

payer 100 roubles par visite. Il y a quarante ans,
nous a affirmé un témoin digne de foi, le carrosse
n'était attelé que de quatre chevaux et le tarif n'é-
tait que de 25 roubles.

C'est que, malheureusement, ce sentiment religieux qui est, à la vérité, une richesse morale à la
condition d'être sainement développé, tourne plutôt
en Russie à la superstition, et consiste avant tout
en manifestations extérieures qui prennent une bien
autre importance que le culte de l'esprit et du cœur,
si elles ne l'ont pas complètement envahi. Aussi
est-il arrivé que le formalisme étroit de l'Eglise
russe a conduit au scepticisme et à l'indifférence une
grande partie des classes éclairées, et que dans les
classes inférieures il a nui à la morale, en développant
chez l'homme du peuple ce sentiment d'irresponsa-
bilité et cette tendance à croire que des pratiques de
dévotion et autres tiennent lieu de l'accomplissement des obligations morales. De là cette scrupu-
leuse observance des trop nombreux jours de fête et
d'abstinence, ces offices, ces génuflexions, ces signes
de croix, et, ce qui est plus triste encore, ces
légendes populaires qui jettent un jour particulier
sur la religion, telle qu'elle est comprise par les
masses.

Nous en donnons ici deux spécimens que nous trouvons dans les « Lettres sur la Russie » de M. de Molinari, qui lui-même les a extraites d'un recueil qui a paru à Moscou pendant son séjour.

« Il y a bien longtemps, vivait un paysan. Il fêtait toujours saint Nicholas, mais il se permettait quelquefois de travailler le jour de saint Elie. — Il offrait des cierges au premier, il récitait des litanies à son honneur, mais oubliait le second. — Un jour, les deux saints traversaient, de compagnie, le champ du paysan, et comme ils admiraient la belle apparence des récoltes, saint Nicholas, tout heureux, trouvait qu'un aussi bon sujet méritait bien une aussi bonne aubaine. « C'est à savoir, répondit saint Elie. Quand j'aurai envoyé la foudre et la grêle ravager le champ de ton paysan, nous verrons ce qu'il récoltera, et peut-être apprendra-t-il à observer la Saint-Elie. »

La dispute prit quelques proportions, si bien que les deux saints s'en allèrent chacun de son côté.

Saint Nicholas accourut chez son paysan : « Dépêche-toi, lui dit-il, de vendre ta récolte au pope de saint Elie, sinon tu n'auras rien, tout sera ravagé. » Le paysan courut chez le pope, et eut le bonheur de conclure son marché.

Dans la nuit, arrive une averse de grêle qui détruit tout le champ ; tout le blé fut rasé comme par le tranchant de la faux. Saint Nicholas et saint Elie se retrouvèrent ensemble dans le champ.

« Regarde, dit Elie, comme j'ai arrangé le champ de ton paysan. — Du paysan ! non, frère, car voilà une semaine qu'il a vendu sa récolte au pope, et qu'il en a reçu, en échange, de bon argent comptant.

— Oh ! oh ! grommela saint Elie, puisque c'est comme cela, je vais remettre le champ en état. »

Nicholas retourna vite chez le paysan. « Va-t-en bien vite trouver le pope, et rachète ta récolte, lui dit-il ; crois-moi, tu y trouveras ton profit. »

Le paysan s'en va chez le pope, le salue et lui offre de partager avec lui la perte produite par la grêle, ce que le pope s'empresse d'accepter.

Mais voilà que, tout d'un coup, le champ reverdit, les vieilles racines jetèrent de nouvelles pousses, grâce à une pluie salutaire, et la récolte devint magnifique. Le paysan moissonna bien des gerbes, en fit bien des tas et se prépara à en former des meules couvertes de chaume.

Sur ces entrefaites, les deux saints se retrouvèrent dans le champ, et survint entre eux une nouvelle scène semblable à la précédente. « Patience, patience, finit par dire saint Elie, je viderai les gerbes, et ton paysan aura beau en mettre sur l'aire tant qu'il voudra, il n'aura chaque fois qu'une mesure de blé. »

Mauvaise affaire, mauvaise affaire ! pensa saint Nicholas, et il s'en alla tout de suite chez le paysan. « Ecoute, lui dit-il, lorsque tu battras ton blé, n'en mets pas plus d'une gerbe à la fois sur l'aire. » Le paysan suivit le conseil et il remplit de grain toutes ses granges et d'autres toutes neuves qu'il fut obligé de bâtir.

Que de granges il se bâtit, ce paysan, que va-t-il donc y mettre? pensa à la fin saint Elie.

Nicholas le lui expliqua. « Hé, Nicholas, reprit l'autre, c'est toi qui rapportes tout au paysan ! — Moi ! quelle idée ! — Tu diras ce que tu voudras, mais sois tranquille, ton paysan se souviendra de moi. — Que vas-tu lui faire? demanda Nicholas. — Je me garderai bien de te le dire, répondit saint Elie. »

Voici le moment de la catastrophe se dit le protecteur du paysan, et il alla le trouver. « Achète vite deux cierges, lui dit-il, l'un très gros et l'autre très petit, et fais ce que je te dirai... » Le lendemain, saint Nicholas et saint Elie passaient vêtus comme des pèlerins. Ils rencontrèrent le paysan qui portait un cierge d'un rouble et une petite chandelle d'un copeck. « Où vas-tu, paysan ? héla Nicholas. — Je vais allumer ce gros cierge au bienheureux saint Elie qui s'est montré bien bon pour moi ! — Et ce petit cierge d'un copeck, pour qui est-il ? — Ah ! celui-là, c'est pour saint Nicholas, répondit négligemment notre paysan. »

Dans ces conditions, on comprend que saint Elie se radoucit, et, de fait, il cessa de menacer le paysan, qui vécut désormais heureux et tranquille, ne manquant point de fêter également saint Elie et saint-Nicholas.

L'autre légende nous apprend que saint Nicholas et saint Cassian descendirent un jour sur la terre. Celui-ci, vêtu d'une belle robe, rencontre un paysan dont la charrette était embourbée et qui le prie de l'aider à la retirer de l'ornière. Saint Cassian refuse pour ne pas salir sa robe.

Saint Nicholas passe ensuite et donne un coup de main au paysan.

De retour au paradis, Dieu, voyant saint Nicholas tout crotté, l'interroge sur son aventure. Il s'adresse ensuite à Cassian et lui demande l'emploi de son temps. En l'écoutant, Dieu fronce les sourcils et lui dit : « Puisque tu as refusé d'assister le paysan, tu ne seras fêté que dans les années bissextiles, et toi, Nicholas, qui as été charitable, tu auras deux fêtes par an. »

C'est ce qui est arrivé.

On distingue le clergé russe en clergé blanc, séculier ou marié, desservant les paroisses, et en clergé noir ou régulier, voué au célibat, dans lequel se recrutent exclusivement les évêques et les moines des couvents. — Ces couvents ne sont pas dépourvus d'une certaine activité industrielle, dans l'imagerie, la broderie, la tapisserie, etc., ce qui subsidiairement, leur fait une ressource. — Certains d'entre eux passent pour être des foyers d'érudition; et le plus ancien de tous est le monastère des souterrains de Petchersk, à Kief.

Les moines, comme les popes, portent de longues robes flottantes de couleur noire, de longs cheveux et toute la barbe dont la pointe n'est jamais taillée.

Ils sont remarquables par leur belle stature, leur air grave et solennel. — Les moines se distinguent du reste du clergé par le grand voile flottant qui pend derrière la tête, à la suite du petit bonnet rond, coiffure ordinaire des hommes du peuple en Russie.

— L'influence des prêtres a été considérable, et, il faut le dire, non à l'avantage social. C'est grâce à

eux que les fêtes religieuses, par exemple, sont
multipliées au point que, dans le seul mois d'août,
on en puisse compter 16, et 170 dans toute l'année,
non compris les dimanches. Les fidèles sont tenus
de les observer. C'est grâce à eux qu'il y a autant
de jeûnes rigoureux que de fêtes; institutions évidemment contraires à des mœurs laborieuses et à la
conservation de la santé. Aussi le travailleur russe,
peu nourri, cherche dans la vodka, ou eau forte,
l'équivalent de ce qui lui manque en nourriture, con-
tractant ainsi ces habitudes de paresse et d'ivrognerie si préjudiciables à la dignité morale comme
au bien-être d'un peuple. Ce serait une des premières
réformes à réaliser que de supprimer du calendrier
les deux tiers des fêtes de saints.

On a beaucoup parlé de la sournoiserie et des ruses
du peuple russe; il y a eu là de l'exagération; in-
dépendamment des dispositions natives, l'Église a
certainement contribué à donner au peuple cette
souplesse, cette adresse qui le distinguent, qualités
qui, jointes à d'autres, ont formé les diplomates
distingués et fins qui n'ont pas été rares en Russie.

En tous cas, l'air ouvert des figures, les allures
gaies, bruyantes même, du peuple ne témoignent
pas d'une duplicité bien profonde. Ce qui frappe

autrement, c'est la laideur presque générale, à de
rares exceptions près. Ni dans ces yeux vitreux, ni
dans ces blonds sourcils, on ne peut découvrir autre
chose que de la placidité et quelque peu de stupi-
dité; si bien que la malice des sentiments, s'il en
existe, se cache sous un masque d'honnêteté impé-
nétrable aux yeux de l'observateur. -

Les habitants des villes, même ceux des classes
élevées, subissent les mauvaises conditions d'hygiène
dans lesquelles ils vivent : la dureté du climat, qui
condamne tout le monde à se défendre de l'air pendant la moitié de l'année, n'est pas favorable à un
sain développement de la race. Les habitants des
campagnes ont, en général, une apparence plus saine
et plus vigoureuse; mais ici les dures épreuves du
début de la vie tendent à fortifier, quand elles n'emportent pas de bonne heure, les enfants et les jeunes
femmes, trop faibles pour résister. — Les foules
russes offrent un aspect particulier, mais rien de
très somptueux ou de très pittoresque dans le costume. Les voyages, d'ailleurs, dissipent bien des illu-
sions nées des récits enthousiastes des livres. Ces
habitants de la Perse et de l'Orient, aux vêtements
de soie, tous ces Chinois à la queue légendaire, ces
Arabes, ces Esquimaux, à l'air sauvage, — hôtes

ordinaires des rues de Moscou, selon les écrivains
d'il y a cinquante ans, — manquent autant aujour-
d'hui que les cyclopes d'Ulysse. Le vieux costume
moscovite, si bizarre, ne se retrouve plus guère,
et pour s'en rendre compte, il faut consulter les gra-
vures et parcourir les musées. Les classes supérieures sont entièrement livrées aux modes de Paris,
augmentées du luxe nécessaire des fourrures : les
hommes, pour la plupart, portent un costume de
l'ordre militaire ou civil, avec l'éternelle redingote
portée en pardessus, selon la mode orientale. Les
marchands et la petite bourgeoisie portent la jaquette
et le petit chapeau du reste de l'Europe.

C'est dans la classe populaire seule qu'on rencontre,
jusqu'à un certain point, le cachet national : coiffé d'un
bonnet blanc ou noir entrant jusqu'aux yeux, l'homme
du peuple porte un long manteau, ample et sans formes,
qui lui tombe jusqu'aux talons et laisse voir, par devant, de grosses bottes à revers qui lui montent
aux genoux. Parfois, chez les paysans à l'aise, se
découvrent sous le manteau la blouse rouge et la
large ceinture de même couleur, et les pantalons
bouffants en velours noir, jadis si populaires dans
les districts ruraux.

Ce n'est que dans cette catégorie de la société,

également, que les femmes portent un costume particulier ; de longues jaquettes bariolées et de hautes coiffures, parfois garnies de brillants ; et pour les jeunes filles les cheveux en tresses ou en nattes.

Pendant longtemps, au cours du siècle précédent, c'était une mode à la cour et dans les sphères officielles de déprécier tout ce qui était national, pays et habitants. Il en est resté quelque chose dans l'opinion des étrangers, mais c'est une impression qui disparaît, et à juste titre. Un revirement profond s'est produit dans la société russe : ceux-là même qui tenaient le peuple dans le mépris le plus absolu professent aujourd'hui pour ce même peuple une haute opinion, et ce qui peut surprendre, c'est qu'ils attribuent au servage une partie des fortes qualités qu'ils veulent bien aujourd'hui reconnaître chez ces hommes. Le servage était un système, disent-ils, qui n'a aucun rapport avec celui de la féodalité ou de l'esclavage des nègres, et qui fut la meilleure école pour préparer à la liberté. Ces paysans habitués à compter sur le propriétaire, sur le maître, quand ils étaient asservis, aujourd'hui affranchis, ne voudraient dépendre en aucune façon d'un maître ou d'un étranger.

Avec des théories aussi honorables, on est surpris des traitements que subit encore en Russie la classe populaire. Il n'y a pas de pays au monde où les gens de condition humble soient plus maltraités par ceux qui se croient leurs supérieurs : il n'y en a pas non plus où les inférieurs montrent une soumission plus volontaire et plus passive. Tout ce qu'on a raconté sous ce rapport est encore aujourd'hui plein d'actualité. Comme jadis, un ouvrier étranger est payé sans hésitation ; si c'est un Russe, les menaces de coups de bâton l'engagent à se contenter de ce qu'on veut bien lui donner, et il s'en va, le plus souvent, heureux encore de ce qu'il emporte.

Et cependant, le moujik russe n'est pas le paresseux, la brute incorrigible souvent décrite. Pour lui, toute convention est une convention, et quand les conditions sont arrêtées, il s'y conforme avec scrupule. Aussi le travail à la tâche est-il fort apprécié par lui, il y trouve son profit. Mais s'il est employé à la journée, il se dit que ce qu'il a de mieux à faire, c'est de faire le moins possible, et il ne travaillera que par force.

CHAPITRE V

**La Russie de la Baltique et la Finlande.
Rével et Helsingfors.**

Pour se rendre de Saint-Pétersbourg dans l'Esthonie, on peut faire le voyage par mer, ce qui procure
l'avantage de voir les côtes du golfe de Finlande,
ce magnifique vestibule de l'Empire. Derrière soi,
on laisse l'embouchure de la Néva et la forteresse
de Kronstadt ; à droite, on aperçoit les roches de
granit de la Finlande, et à gauche, on longe les fa-
laises calcaires de l'Esthonie.

On peut aussi, quand on craint les eaux souvent
agitées du golfe, prendre le chemin de fer qui parcourt toute la côte septentrionale et vient aboutir à
Rével. L'aspect de la campagne dans les provinces
russo-allemandes ne diffère pas sensiblement de
celui que présentent les districts de Saint-Pétersbourg.

et de Moscou. C'est encore la solitude, le même abandon, quoique en réalité le sol de l'Esthonie ne soit
pas aussi mal partagé qu'il en ait l'air. Les champs,
dans cette province, rachètent par l'étendue ce qu'ils
n'ont pas en fertilité ; et ce qui le prouve bien, c'est
l'attachement du peuple pour ce pays qui paraît si
peu attrayant : cet attachement, au surplus, est tout
aussi remarquable chez les rares privilégiés de la
fortune qui peuvent aller chercher des régions plus
riantes, que chez la multitude sans appui, enchaînée
à la terre natale, jadis par le servage, aujourd'hui par
la pauvreté.

Le chemin de fer s'arrête à Narva, sur les confins
de l'Esthonie et de l'Ingrie, ville située à l'embouchure de la Narowa ; celle-ci la divise en deux parties, et sert, en même temps, de démarcation entre
la Russie allemande et la Russie russe. De chaque
côté du fleuve, un vieux château pittoresque témoigne des luttes sanglantes, dont Narva fut le
théâtre, entre les habitants des deux rives. C'est là
que se concentra la longue guerre entre les Russes
et les Suédois, c'est sous les murailles de la ville que
Pierre le Grand essuya une écrasante défaite, le
30 novembre 1700. Enfin, cinq ans plus tard, il y re-
rtouva la fortune, et la lutte se termina par la con-

quête du littoral, confirmée par la paix de Nystadt, en
1721.

Aujourd'hui, Narva est une ville industrielle et
commerciale ; on y importe du coton, du sel, de la
houille et des huiles, et, en retour, elle expédie principalement des bois, de l'orge et du lin.

A environ, un kilomètre au-dessus de Narva, la rivière fait un saut de sept à huit mètres de hauteur,
formant ainsi une cataracte mugissante, aussi grandiose que la chute du Rhin à Schaffouse, et débitant
un volume d'eau peut-être plus considérable. On
rapporte que Pierre le Grand conçut le projet d'uti-
liser la puissance de cette magnifique chute au profit
de l'industrie humaine. Quoi qu'il en soit, cette idée
a été appliquée de nos jours.

Au milieu du fleuve se dresse un énorme rocher
du nom du Kranholm, ou île du Corbeau : il divise la
chute en deux cataractes dont les eaux se confondent
de nouveau à la base. C'est un des points les plus
sublimes, et la beauté sauvage du lieu n'a pu être complètement altérée par les ouvrages des hommes ; sur
l'île, en effet, est bâtie une filature de coton qui représente l'établissement peut être le plus considérable du monde. La force motrice y est fournie exclu-

sivement par la chute d'eau et développe un travail de 5,100 chevaux (1).

L'établissement se compose de deux vastes bâtiments à quatre étages et de dépendances considérables ; en 1880, la production s'est élevée à 6,518 tonnes de fils, 609,796 pièces de coton, soit 1,998 tonnes de tissus de toutes sortes. — 4,827 ouvriers sont attachés à la manufacture.

L'organisation intérieure de cet établissement est digne d'être citée. Mettant à part, en effet, toute considération philanthropique, il est reconnu aujourd'hui que l'intérêt bien compris des établissements industriels doit conduire les chefs à attacher au travail les ouvriers qu'ils emploient, en rendant leur situation moins précaire et en les intéressant, d'une manière plus ou moins directe, au sort même de l'entreprise. Sous ce rapport, la manufacture de Kranholm est un modèle.

C'est une petite communauté dont le territoire occupe plus d'une dizaine d'hectares ; les habitations sont groupées tout autour de l'usine, formant des petites colonies, et autant de villages, où les familles vivent réunies ou séparément selon les goûts. Tout

(1) Le cheval-vapeur est une unité de mesure qui représente un travail de 75 kilogrammètres par seconde.

ce qui peut contribuer au bien-être de l'existence
et élever le niveau moral est réuni à Kranholm : bains,
lavoirs , salles de récréation, bibliothèques, écoles,
jardins potagers et d'agrément. Le principe sur lequel repose la constitution de cette république ou-
vrière est celui de la liberté individuelle. Ainsi, bien
que l'administration mette à la disposition des ouvriers le logement et les vivres à des conditions
avantageuses, ceux-ci n'en sont pas moins libres de
chercher domicile en dehors du territoire ou de se
pourvoir ailleurs.

Le tout ensemble laisse au visiteur l'impression
d'une famille heureuse, bien que le travail y soit
rude, peut-être parce qu'il en est ainsi. Le service
de la police est une vraie sinécure, et le meilleur
témoignage des habitudes de sobriété, d'économie,
de prévoyance de ces braves gens, se trouve dans le
montant des dépôts à la caisse d'épargne fondée
par l'administration.

On désigne sous le nom de Provinces Baltiques
tout le pays qui s'étend le long du golfe de Finlande,
au sud, baigné par la mer jusqu'à Mémel, en Prusse;
cette région comprend l'Esthonie, la Livonie et la
Courlande. Jadis peuplée par les Esths, les Letts et

autres qui venaient, dit-on, de l'Asie centrale , elle
fut conquise plus tard par des aventuriers allemands,
connus sous le nom de « Frères du Sabre »,
et plus récemment ensuite par des chevaliers
de l'Ordre Teutonique. Ceux-ci, comme les jésuites
dans le Paraguay et les Misiones de l'Amérique
méridionale , introduisirent le christianisme parmi les indigènes, et, en instituant l'esclavage ou
la servitude, ils les obligèrent à travailler au profit
de leurs instructeurs. Lors de la dispersion de
cet ordre militaire, les provinces devinrent l'objet
des convoitises des Polonais, des Suédois et du
Danemark ; et enfin, survint la Russie qui établit
en dernier lieu sa domination sur l'Esthonie et la
Livonie par le traité de Nystadt, en 1721, et qui,
plus tard, incorpora la Courlande, au dernier partage
de la Pologne, en 1795.

Cependant, plusieurs des anciennes familles des
chevaliers conservèrent leurs domaines, et d'autres
plus nombreux, venant de Suède et d'Allemagne,
s'établirent dans le pays, sous le patronage impérial. Tous se reconnurent vassaux de la Couronne,
et maintinrent les paysans à l'état de serfs ; ceux-ci,
attachés au sol, relevaient une part des produits,
en échange des exactions qui leur étaient imposées

sous forme de corvées et de travail obligatoire. Les
seigneurs exerçaient une juridiction absolue et complète, particulière et collective sur les paysans.

Ils réglaient entre eux leurs affaires communes, sur le pied de l'égalité, dans les termes
d'une souveraineté absolue, et sans contrôle vis-à-
vis de leurs dépendants des campagnes. Ils admi-
nistraient la justice sans appel; leurs terres n'étaient
soumises à aucune taxe; leurs familles étaient
exemptes du service militaire; ils jouissaient du
droit exclusif de fabriquer et de vendre les liqueurs
fortes, monopole de la Couronne, en Russie. Leurs
propriétés étaient transmises de père en fils, sous
forme de majorats, perpétuant ainsi avec la richesse,
le principe de l'autorité, circonscrite dans une seule
caste.

Ils tenaient des diètes ou « collèges » dans les
capitales de leurs provinces respectives : ils n'admet-
taient aucun étranger à partager les privilèges de
leur rang, sauf dans des cas exceptionnels. En définitive, ils constituaient de la sorte l'aristocratie la plus
fermée et la plus exclusive qui fût jamais en Europe.

Comme nous le verrons, plusieurs de ces privilèges, l'exemption du service militaire, entre autres,
tombèrent par la suite en désuétude, ou bien furent

supprimés par la volonté du gouvernement impérial. Après une série de soulèvements et de révoltes parmi les serfs, la noblesse trouva que son intérêt était d'affranchir les esclaves, traita avec eux, et après quinze années d'expérience, ces paysans asservis devinrent des laboureurs libres, affermant leurs terres et leurs fermes contre baux en argent.

C'est ainsi que, dans ces provinces baltiques, dès la première partie de ce siècle (1804-1831), s'accomplit, sans troubles sérieux, sans déplacement de population, une révolution pacifique, qui fut entreprise plus tard (1861) dans les autres provinces de la Russie, et dont les résultats sont encore douteux.

Pourquoi cette différence ? Elle vient principalement du fait que, dans les Provinces Baltiques, les nobles réglèrent leurs affaires eux-mêmes, tandis qu'en Russie, l'abolition du servage fut une grande mesure, imposée par le gouvernement, et à des conditions qui ne furent pas acceptées sans protestations. Elle provient aussi des habitudes opposées des grands propriétaires qui, en Russie, sont le plus souvent hors de leurs terres, dissipant le temps et l'argent à la Cour de Saint-Pétersbourg, à Paris, Florence ou Monte-Carlo, — tandis que dans l'Esthonie et les provinces-sœurs, les nobles, comme beau-

coup de propriétaires anglais, résident et résiderent toujours sur leurs domaines, en relations continuelles avec leurs tenanciers, connaissant leurs besoins, maintenant dans leurs rapports des sentiments
réciproques de sympathie, de bonne intelligence,
ce qui est le beau côté de ce patriarchat féodal.

Plusieurs de ces domaines sont d'une étendue
considérable, ce qui est là un obstacle à une exploitation avancée. Les terres qui ne sont pas stériles
sont mal entretenues, mal cultivées et ne reçoivent
pas les amendements suffisants. On leur prend tout,
on ne leur restitue rien.

Mais la plupart de ces seigneuries ont conservé un
cachet antique, en harmonie avec le caractère de la
noblesse, laquelle a conservé les mœurs féodales et
les traditions chevaleresques de l'époque. Chez ces
nobles Esthoniens, les manières sont simples et cordiales : l'hospitalité est illimitée; on se sent *at home*
au milieu d'eux avec autant d'aisance qu'on éprouve
de bien-être à jouir des rayons bienfaisants de leur
soleil d'été, ou à réchauffer ses membres gelés à
l'éclat de leurs poêles d'hiver.

Dans l'un de ces domaines, une large avenue de
six milles de long conduit à la résidence officielle de
cette immense propriété. C'est un vieux palais dans

le style italien, datant de plus d'un siècle : en avant, un portique à six colonnes, avec ailes en saillies de chaque côté. A l'intérieur, un vaste hall qui précède un escalier monumental. Au premier étage se trouvent les salons qui contiennent la galerie des portraits de famille : généraux ou hauts dignitaires ayant servi avec distinction leurs pays, les plus anciens la Suède, les derniers la Russie.

Ce domaine occupe une surperficie de 70 verstes, et quoique les terres y soient médiocrement ténues, il rapporte aujourd'hui, grâce au régime prévoyant et économe de ses nobles propriétaires, quelque chose comme 100,000 francs par an.

Malgré l'origine suédoise, malgré les traditions, la famille, dans beaucoup de grandes maisons esthoniennes, s'est germanisée, et la langue maternelle elle-même a disparu. Le germanisme, d'ailleurs, est tout puissant ; il domine dans les branches importantes du commerce et de l'industrie, et c'est lui qui répand l'instruction dans les villes et dans les campagnes. Dans celles-ci, cependant, l'influence est moindre et balancée par les liens d'affection véritable qui unissent le propriétaire et le paysan, comme nous l'avons déjà dit. Néanmoins, poussés par des agitateurs de passage, quelques tenanciers imbus d'idées de revendications réclamèrent un jour « des baux à long terme et des fermages fixes ».

Voici la réponse bienveillante et sensée qui leur fut opposée par le propriétaire même du domaine dont nous venons de parler :

« Quels plus longs baux pourriez-vous désirer? leur dit-il. N'êtes-vous pas, vous et les vôtres, avec moi et les miens, depuis plus de générations que nous ne saurions dire ? Attendez, pour réclamer de nouvelles conditions, les menaces d'éviction ; mais croyez bien que si jamais elles se produisent, il n'y aura pas de ma faute. Pour ce qui est de la fixité du fermage, j'y consens, si vous vous engagez à en assurer le paiement. Nous le fixerons non en roubles, mais en boisseaux de seigle, suivant la moyenne des rendements des dernières années. Réfléchissez et voyez maintenant ce que vous gagnerez à ces nouvelles conditions. »

Les paysans s'en retournèrent satisfaits, convaincus, nous le croyons sans peine, que le seigneur avait eu, cette fois, plus de bon sens que leurs bons amis les *politiciens*.

Le chemin de fer vous conduit rapidement de Narva à Revel, ancienne ville hanséatique, d'origine danoise, qui commande l'entrée du golfe de Finlande. Bâtie en amphithéâtre sur le Dom, ou Domberg, colline raide et rocailleuse, elle est couronnée de tours et de clochers, et la citadelle, sorte de Kremlin, la domine majestueusement. Des deux côtés de la ville, la côte esthonienne décrit une courbe allongée qui contribue à donner à tout l'ensemble un grand air dont on ne s'aperçoit pas quand on traverse le golfe de Finlande pour Helsingfors située en face.

Ici, le contraste est frappant. Revel donne le spectacle d'une antique cité féodale qui se réveille au bruit confus des affaires. Helsingfors, capitale de la Finlande, est une ville nouvelle, grande, bien percée, offrant au voyageur tous les agréments, tous les raffinements du luxe. Elle a son parc, avec un théâtre et d'autres jolies promenades ; un jardin botanique, le plus septentrional du monde, des bains de mer et d'excellents hôtels. Ajoutons que Helsingfors possède une Université fréquentée par plus de 700 étudiants, qu'elle est la patrie de Nordenskyold et un centre considérable d'activité scientifique.

Une chose frappe vivement le voyageur quand il débarque en Finlande, venant des provinces de la Baltique : on vient de quitter Revel où l'on peut se se croire en Allemagne, et quatre heures après,

sans au[illegible] on es[illegible]
penser [illegible]

La Finlande [illegible] partie
intégrante [illegible] Russie [illegible]
dépendance [illegible]
réunit au [illegible] est [illegible] person-
nel; quelque [illegible] comme ce [illegible]
Suède et [illegible]
grie. La Finlande a sa [illegible] ses institutions [illegible]
pavillon [illegible]
devint, au [illegible] siècle [illegible]
elle fut convoitée par [illegible]
1809, à la suite de [illegible]
obtint la [illegible]

Depuis [illegible] elle ne [illegible]
v nous [illegible]
andais, [illegible]
loyaux [illegible]
ment ils ne commis [illegible]
lutions, mais, [illegible]
tion terminée [illegible]
la Russie [illegible]
tilistes, [illegible]
et devront [illegible]

dans les voies du progrès et d'une sage liberté, affermira son existence récemment tourmentée.

En été, la Finlande est un charmant pays. Douze centièmes de la superficie totale sont couverts par les lacs et les rivières, vingt autres par les marécages, et le reste est couvert de forêts, de maigres pâturages, parsemés de rochers gigantesques ou de fragments de rocs de granit, affleurant le sol sur de notables étendues. Les conditions sociales du Grand-Duché diffèrent matériellement de celles des Provinces Baltiques, au sud du golfe. Celles-ci gardent encore une apparence à demi-féodale, mais aussi celle d'un pays où la culture est avancée. En Finlande, au contraire, la propriété est divisée et aux mains des paysans, propriétaires du sol qu'ils cultivent.

Les forêts de la Finlande constituent sa principale richesse; malheureusement, comme en beaucoup d'autres pays, les Finlandais regardent l'étendue de leurs bois comme illimitée, et partant inépuisable; en ceci ils concluent trop vite. Les hommes prévoyants se préoccupent depuis longtemps de cette dévastation insensée qui dure depuis des siècles, et qui se trouve prendre maintenant des proportions d'autant plus considérables que la fa-

PROCESSION A L'IMAGE SAINTE.

cilité des transports a contribué à la hausse des bois
de construction et de chauffage. On ne devrait jamais oublier que les forêts ne sont pas inépuisables,
qu'elles demandent à être entretenues et surveillées;
au moyen de la hache, le plus bel arbre peut être
mis à bas en moins d'une demi-heure, mais il faut
des années, et surtout dans ces rudes climats du
Nord, pour qu'un sapin acquière une valeur comme
pièce de bois.

On ne visite pas le Grand-Duché sans aller admirer les rapides d'Imatra, connues sous le nom de
chute du Vuoksa; l'effet est grandiose et majes-
tueux, même pour ceux qui ont vu le Niagara.

De Wyborg, au fond du golfe, on peut s'y rendre
par le canal qui reçoit les eaux du lac Saïma; ce
canal est un ouvrage splendide, de 54 verstes de
long avec 28 écluses. Par un dimanche d'été, cette
traversée, que l'on fait en bateau à vapeur, est très
pittoresque. Les digues du canal sont couvertes de
gens en excursion, qui étalent leurs plus beaux
habits et leur meilleure humeur. Tout ce monde en
vacance n'a qu'une pensée : mettre à profit, le
mieux possible, le beau temps incertain et leur été
trop court.

CHAPITRE VI

Nijni-Novgorod. — Une foire en Russie.

Dans l'ancienne France, avant la Révolution, on
attachait à l'institution des foires une importance
considérable que les circonstances justifiaient am-
plement. A cette époque, en effet, les moyens de
communication était peu sûrs, point commodes ; des
entraves fiscales ajoutaient encore aux difficultés des
transports : en même temps, une seule ville, une
seule province ne suffisaient pas au commerce des
marchands qui, après avoir fourni dans une cité aux
besoins de ses habitants, étaient obligés d'aller chercher ailleurs de nouveaux acheteurs. Ils se réunis-
saient alors deux ou plusieurs ensemble, et les voilà
faisant le voyage de compagnie, manière plus sûre
et plus gaie. On avait souvent à se défendre, en effet,
contre les attaques et les vexations de toutes sortes

que faisaient subir au commerce les possesseurs des châteaux établis sur les routes et tous chemins de communication, sans compter les attaques des bandes organisées et des malfaiteurs qui sont de tous les temps.

Ces circonstances expliquent la création de foires nombreuses ; on attendait avec impatience l'époque où elles s'ouvraient : les consommateurs y trouvant une abondance de produits qui excitait leurs besoins ; les vendeurs profitant de cette grande agglomération d'hommes et d'affaires pour régler leurs paiements, conclure leurs négociations, et acquérir en même temps les connaissances du goût et des fantaisies des acheteurs.

Aujourd'hui, ces institutions n'ont plus de raison d'être, dans la plupart des pays. En tous cas, s'il en subsiste encore, on pourrait le plus souvent s'en passer, et elles n'ont gardé de leurs aînées qu'un caractère particulier de ces réunions : elles sont des occasions de réjouissances et de plaisirs, bien plus que des rendez-vous d'affaires. Nous ne parlons pas, bien entendu, de ces foires rurales, nécessaires encore à l'écoulement des produits agricoles.

Les expositions universelles, dans une certaine mesure, tiennent lieu, de nos jours, des foires d'au trefois. Elles sont en outre un rendez-vous des progrès et de la science, caractère qui n'appartenait pas aux foires; mais, comme celles-ci, elles facilitent les échanges entre les peuples, font connaître et apprécier les produits. Néanmoins, certaines considérations, telles que la situation géographique d'une ville, sur le passage du commerce des pays d'alentour, peuvent conduire à l'établissement, utile encore aujourd'hui, d'une foire dans ses murs.

Nijni-Novgorod, ou Nijni tout court, mieux que toute autre, est dans ce cas. Située tout près du point où les eaux de l'Oka rejoignent celles du Volga, deux grandes artères de la Russie, elle occupe une position, comme Lyon en France, Saint-Louis aux États-Unis.

Elle est au centre même de la route maritime qui met en communication la Caspienne et la mer Noire avec la mer Blanche et la Baltique; si l'été durait toujours, la Russie n'eût pas eu, peut-être, à construire des chemins de fer.

En outre, Nijni, par le chemin de fer de Moscou, est en communication avec la Russie et l'Europe occidentales, pendant que par le Volga encore, et son tributaire la Kama, elle correspond avec Perm et avec les vastes régions de la Sibérie et de l'Asie centrale.

Aussi, Nijni-Novgorod se trouve-t-elle être le trait d'union entre deux continents, le point où les richesses de l'Asie et les produits de l'Europe se rencontrent. Elle est le rendez-vous le mieux choisi pour les échanges entre les nations qui, selon la pittoresque expression de M. A. Gallenga, marchent au train de huit à dix kilomètres à l'heure, et celles qui dévorent l'espace avec une rapidité de cinquante kilomètres et plus.

Nijni-Novgorod, qu'il ne faut pas confondre avec Novgorod-la-Grande, date de 1222, et la foire s'y est tenue tous les ans depuis 1366, sauf à de rares interruptions. C'est une ville de 45,800 habitants, et qui pourrait en contenir un demi-million; comme toutes les villes russes, elle est très étendue. Elle a été construite sur le modèle de Moscou, autant que la chose était possible, et, comme celle-ci, elle a son Kremlin, vieille citadelle maussade avec ses murailles crénelées et ses tours moyen âge, ses vingt églises byzantines munies de leurs cinq coupoles réglementaires.

En temps ordinaire, le pavé dur, pointu et inégal des rues, rend la circulation pénible; mais à la foire, on patauge dans la boue ou la poussière, car les grosses averses alternent avec la chaleur étouffante.

et en ce lieu une grande église à cinq dômes, de construction récente, a été bâtie. Au centre de la foire, s'élève le palais d'été du gouverneur. Ce haut fonctionnaire y passe avec sa famille le mois pendant lequel se tient la foire (mi-juillet à mi-août). Pendant le reste de l'année, il habite le palais Impérial, dans le Kremlin. Le hall d'entrée, les couloirs du palais d'été, sauf un escalier tournant, étroit et réservé, sont, en ce moment, envahis par la foule et convertis en bazar. C'est l'endroit le plus bruyant de ce grand marché, qui n'est cependant que vie et mouvement, musique et brouhaha depuis midi jusqu'à la nuit. Scène animée que contemple Son Excellence, entourée de ses amis et de ses invités, du haut du balcon extérieur ; sans oublier les policemen à ses ordres, qui fondent, comme des éperviers bien dressés, sur les pick-pockets imprévoyants qui rôdent dans la foule.

Le spectacle d'une foule, de loin, est toujours chose intéressante, et à Nijni elle l'est au plus haut degré : on ne peut se soustraire à l'admiration ou plutôt à la curiosité que suscite cette variété de types et de costumes.

La grande place du palais et la chaussée plantées d'arbres, communes à toutes les villes russes, celle-ci

désignée sous le nom de boulevard, sont littéralement
pavées de vendeurs et d'acheteurs. Tous, et surtout
les premiers, se font remarquer par la poussière qui
couvre leurs guenilles : beaucoup d'entre eux, à
Nijni, n'ont d'autre maison que les boutiques, les
baraques, ou les marches des perrons ; d'autres
partagent l'écurie de leurs chevaux. La foire n'est à
son plein qu'au commencement d'août (le 6, vieux
style). Les statistiques de 1875 constatent que le
nombre moyen des gens d'affaires qui s'y rencontrent à chaque réunion varie entre 150 et 200,000,
et que le chiffre des transactions commerciales s'é-
lève à quelque chose comme 400 millions de
francs.

Mais cela ne représente pas le nombre des étrangers de toutes sortes qui paraissent à la foire depuis
l'ouverture jusqu'à la fin : il est probable aussi que
la plus grande facilité des moyens de communication a dû contribuer à accroître considérablement
et le nombre des personnes et la quantité des
marchandises. Quoi qu'il en soit, un fait donnera
une idée de l'affluence des êtres humains à ce grand
rendez-vous de l'Orient, — c'est que la formalité
des passe-ports a dû être abolie. Il n'y aurait pas
d'armée de commis, disait à ce propos le général

Ignatieff, qui pourrait viser en temps utile les 40,000 documents de ce genre qui passent à la police en une seule journée !

Et cependant, la ville proprement dite, la haute ville n'entend guère parler de cette masse d'étrangers. C'est que la foire se tient exclusivement sur son terrain réservé, et qu'il s'y trouve des hôtels, des garnis, des églises, des chapelles, des théâtres, des restaurants, en un mot tout ce qui est nécessaire à la vie, et même le superflu.

Cette ville éphémère présente des rues et des avenues : voici la belle Avenue chinoise, quoique les sujets du Fils du ciel ne fréquentent plus guère la foire ; celles du thé, de l'orfévrerie, du calicot ; là sont les Allées des fourrures, du savon, des bougies, du caviar ; à un autre endroit, les bazars de photographies, d'images sacrées et d'ornements d'églises ; les entrepôts de chaussures, les étalages de vieilleries, notamment de vieux habits. On y voit les résidences temporaires de riches négociants, installés avec confort, souvent même avec luxe. — Il y a même un dortoir de charité, vaste hangar en bois, construit sous le gouvernement du comte Ignatieff, qui lui a donné son nom. — On peut bien y loger 250 vagabonds ; mais hélas ! il y a, à la foire, plus de 20,000 individus qu'on peut ranger dans cette catégorie.

C'est aux heures de travail, pendant l'installation, qu'il faut voir cette confusion incohérente d'hommes et d'animaux : fourgons chargés de denrées, piles de barriques, de balles, de caisses, de paquets de toutes sortes, de toutes formes et de toutes couleurs; les rues sont barrées, les trottoirs encombrés : c'est un vrai chaos, une véritable Babel. Malgré tout, petit à petit, presque sans en avoir l'air, chaque objet prend son chemin et trouve sa place. Bientôt tout est dégagé, un passage est ménagé, et avant qu'il ne soit bien tard, le calme le plus absolu succède au tumulte de la journée.

Ce sont des Tartares qui font la plus grande part du travail manuel; ces mêmes descendants des anciens guerriers de Genghiskan et de Timour le Boiteux, sauvages impitoyables qui pendant 200 ans parcoururent la Russie, semant la mort et la désolation sous les pieds de leurs chevaux, réduisant le peuple en esclavage, et les princes en vassaux tributaires!

Par une étrange destinée, les fils de ces anciens conquérants accourent de Kazan et des steppes du bas Volga, poussés par la faim et la misère, et se font employer en qualité de fendeurs de bois et de porteurs d'eau. Ils sont devenus les domestiques de ces mêmes chrétiens que leurs ancêtres avaient cru disperser et réduire pour toujours.

Ils n'ont d'ailleurs qu'à moitié dépouillé leurs mœurs vagabondes et pillardes. Chassés sans relâche des régions où ils faisaient paître leurs troupeaux, traqués de tous côtés par les colonies militaires des Cosaques, qui avancent à mesure qu'ils reculent, ils se sont inclinés devant la puissance, l'énergie, le progrès incessant, la destinée évidente de cette civilisation qu'ils ont si longtemps combattue et dédaignée; quelques-uns cherchent à y entrer pour prendre leur part de ses bienfaits, et se contentent, au début, d'en combler les rangs inférieurs et de remplir les fonctions les plus humbles et les moins rétribuées.

A Nijni, ils sont généralement portefaix, portiers, garde-magasins; ils ne font pas fi non plus du service domestique, et dans cet emploi ils font preuve de beaucoup d'intelligence et de docilité. La plupart d'entre eux sont vêtus de haillons et plongés dans la pauvreté la plus abjecte. Où ils trouvent la nourriture, un toit pour s'abriter, c'est un problème que personne ne cherche à résoudre. En Russie, plus encore qu'ailleurs, la moitié de l'humanité ne sait et ne cherche pas à savoir comment vit l'autre moitié.

Les grands négociants de Saint-Pétersbourg et de Moscou, ou leurs associés et leurs représentants, viennent passer quelques jours à la foire, tour à tour, suivant la convenance des affaires.

Ils n'apportent pas de marchandises, mais seulement des échantillons de thé, de coton, de tissus de laine et de lin, de soie, de joailleries, et en général de tous les articles de l'industrie européenne, et, pour mieux dire, des manufactures nationales.

Au-dessus des magasins sont leurs appartements particuliers, où sont reçus les clients, la plupart des détaillants de la province; ils exhibent leurs échantillons, concluent des marchés, reçoivent des ordres, suivent la Bourse qu'ils ont établie à la foire, près du pont. C'est chez soi que l'on fume, car cet exercice est interdit au dehors.

Ces hommes, jeunes pour la plupart, ont des manières avenantes : ce sont des Russes ou des Allemands russianisés, et ceux-ci affectent souvent d'une manière exagérée les goûts et les coutumes des Russes. Ils paraissent avoir admis en principe que l'argent facilement gagné doit être dépensé le plus vite pos-

sible : à leurs heures, hommes d'affaires ; se couchant
tard et se levant plus tard encore, prenant le monde
et le travail à leur aise, ils comprennent peu les
choses de la politique et s'en occupent encore moins ;
se vantent de lire peu et de penser le moins possible ;
à tout prendre, gens sociables, pleins d'amabilité,
généreux et hospitaliers, en même temps intelli-
gents.

Accoutumés, dans les maisons paternelles, aux
échanges de bonnes relations et à une hospitalité
joyeuse, ces jeunes gens mènent, dans les hôtels et
les restaurants de la foire, une vie agréable et insou-
ciante, prolongeant les soupers aussi tard que possible et n'économisant pas le champagne. Ils justifient
ces fêtes par la nécessité de bien disposer les clients
par de bons procédés, et de montrer aux étrangers,
qu'ils sont heureux de recevoir, un coin de la vie
russe.

La place n'offre guère d'amusements d'un caractère plus inoffensif et plus intéressant ; le théâtre et
ses ballets, le cirque et les danseurs de corde sont
d'ordre inférieur.

De tous les articles qui viennent à Nijni rechercher la faveur du public, le plus important et le plus
précieux est le thé. Bien que par l'excellence de leur

produit, importé par Odessa, mais aussi par l'Angleterre, les négociants de Moscou soient arrivés à
chasser du marché le thé de la Caravane, un dixiè-
me environ de ce qui se trouve à la foire provient
de la Chine, et a fait le voyage par la route de terre,
depuis Kiakhta, située sur la frontière qui sépare la
Russie d'Asie et le Céleste Empire. C'est à ce voyage,
pendant lequel le thé est renfermé dans des paquets
grossiers, enveloppés de papier et de peaux de moutons, qu'est dû, prétend-on, l'exquise délicatesse qui
fait le renom du thé des Caravanes.

Dans cette agglomération des produits les plus
divers, ce qui excitera surtout l'intérêt d'un étranger
sera ce qu'il voit le plus rarement chez lui. S'il n'a
pas fait le voyage des régions lointaines de Sibérie,
rien ne saurait lui donner une idée plus complète
de la production des provinces trans-ouraliennes
que l'exposition qui en est faite à la foire.

Ce qui frappe, à première vue, c'est la quantité.
Il suffit, en effet, de venir à Nijni pour se faire une
idée des richesses considérables dont peut disposer
la Russie, en matières premières seulement. Pendant la foire de 1880, 120,000 tonnes de fer environ y étaient en vente. L'écoulement des articles
dépend de la qualité de la récolte; si celle-ci a été

bonne, les acheteurs sont nombreux et les affaires très actives.

Les dépôts de fer de Sibérie occupent aussi de nombreuses cours et de nombreux magasins. Il y a des centaines de boutiques de malachites, de lapis-lazuli, un choix incroyable de bijoux d'or et d'argent, et de pierres précieuses du Caucase coupées avec cette minutie et ce soin qui sont les caractères du talent des Asiatiques. On y trouvera les tapis de Turquie, les soies de Perse, et surtout les fameux châles d'Orembourg, tressés avec tant de finesse et une telle patience, qu'on dit qu'ils peuvent passer par l'anneau d'une dame, et l'envelopper ensuite des pieds à la tête.

On trouve, en outre, et pour satisfaire les fantaisies les plus variées, un tas d'objets plus ou moins précieux, charmants et curieux, originaux quelquefois, mais presque toujours inutiles.

Leur acquisition n'est pas toujours facile.

Quand on veut faire un achat, il faut savoir s'y prendre, et savoir ensuite à qui on a affaire. L'art du marchandage est cultivé dans l'Europe orientale et méridionale, et poussé à un degré extrême.

Il ne faut pas s'effrayer des prix très élevés et ne pas se laisser prendre à des prix très bas. Quand or connaît le prix des choses, avec un peu de savoir-faire, on les paie à leur juste valeur. Mais aussi, vous vous flattez souvent d'avoir fait merveilles, quand après avoir payé 100 roubles une grande et magnifique opale que vous estimez au moins au quintuple, vous vous apercevez, mais un peu tard, que cette magnifique opale valait tout au plus 10 copecks, n'étant, au demeurant, qu'un modeste caillou.

Vers la fin d'août, tout le tumulte de la foire commence à diminuer. Encore quelques jours, et tous ces pavillons seront ramassés, les tentes seront enlevées, les magasins fermés, le pont de bateaux, jeté sur l'Oka pour la circonstance, sera démoli. Dans tous ces hôtels, bazars, édifices particuliers et publics, il n'y aura plus que la solitude et le silence.

Bientôt arriveront les pluies d'automne et ensuite le dégel du printemps, et cette superficie de plus de 10 kilomètres carrés, comme toute la campagne environnante, ne sera plus qu'une vaste plaine recouverte par les eaux. D'après le Guide, il se serait jadis tenu à Nijni une foire, en plein hiver, au mois de janvier, sur l'embouchure de l'Oka prise par les glaces. La dernière eut lieu il y a dix-sept ans; cette fois, la glace se rompit, entraînant dans les eaux les barques, les auberges provisoires qui n'avaient pas d'autres fondations, et un nombre considérable d'êtres humains et d'animaux qui trouvèrent là une mort horrible (1). Depuis, la foire d'hiver a été supprimée.

(1) Nous donnons ce détail sous toutes réserves, car il ne semble pas que dans le pays on ait gardé le souvenir de cette catastrophe.

CHAPITRE VII

Presque tous les fleuves de la Russie d'Euro e
prennent naissance dans la région centrale, la plupart
au milieu de marais ou de terrains très rapprochés,
facilitant de l'un à l'autre les portages, comme dans
l'Amérique du Sud. Par un système de canaux pro-
jetés et en grande partie déjà exécutés sous Pierre
le Grand, les grandes voies fluviales de l'Empire sont
mises en communication, de telle sorte que les
mers qui en baignent les côtes sont reliées par les
diverses ramifications de ce vaste réseau hydrogra-
phique.

Un service de navigation à vapeur, dont l'intro-
duction remonte à 1824, se charge du remorquage
des marchandises et du transport des voyageurs sur
les artères principales et leurs grands affluents. —

Sur d'autres moins importantes, sur l'Oka par exemple, le remorquage se fait par des attelages de chevaux, quand le terrain des rives le permet. C'est alors
un curieux spectacle que ces énormes galiotes,
assez grossièrement construites, chargées à couler
bas, entraînées sur les eaux par de petites mais
excellentes bêtes de la Tartarie. Tantôt l'attelage
piétine et se débat au milieu des eaux, tantôt il gravit avec ardeur la rive escarpée, tombant et se relevant aussitôt, en faisant sonner gaîment leurs joyeuses
clochettes et répondant par des hennissements aux
interpellations des conducteurs.

Les rives de l'Oka sont monotones, peu inté-
ressantes; il en est de même, au surplus, pour la
plupart des fleuves russes.

De temps à autre, on passe devant un village qui
s'étend sur plusieurs kilomètres; les constructions
clairsemées, brunies par le temps, dominent les
maigres feuillages des jardins. Plus loin, à l'une des
stations principales, le village s'élève à la taille
de ville. — Ce n'est pas qu'elle soit plus grande,
mais elle possède des églises supérieures et des monastères, tout glorieux de leurs flèches élancées et de
clochers dorés.

Au milieu de ces clochers et de ces

Avant d'arriver à Vyksà, se trouve la petite ville de Mourom située sur la rive gauche de l'Oka, et que le voyageur qui descend la rivière voit à grande distance, tantôt à droite, tantôt à gauche, tantôt invisible, tantôt surgissant tout d'un coup aux yeux étonnés. Les coudes et le cours sinueux de l'Oka produisent cet effet magique dont se rendront facilement compte tous ceux qui ont voyagé sur des rivières sinueuses.

Mourom, avec ses tours et ses dômes, est une ville fort ancienne dont la cathédrale date du XII° siècle. Elle tenait autrefois le rang de cité dans la province de Vladimir. C'est à cet endroit sacré que l'évêque du diocèse, il y a 598 ans, voulant remonter l'Oka jusqu'à Ryazan et Pereyaslaw, étendit son manteau sur les eaux qui le portèrent à sa destination; c'est ainsi que faisait l'archevêque d'Armagh quand il voulait traverser le canal Saint-Georges.

C'est surtout sur le Volga que la navigation fluviale s'est développée. Les Américains y ont introduit leurs admirables « ferry-boats », véritables palais flottants, qui ne laissent rien à désirer. Dix compagnies différentes, représentant une flotte d'environ 700 bateaux à vapeur, font le service

de Nijni à Astrakhan, et elles ne chôment pas pendant les six ou sept mois de travail.

Le Volga, ou Rha des anciens, est le plus grand
fleuve de l'Europe : il mesure près de 1000 lieues
de longueur. Il prend sa source près des hauteurs
du Valdaï, non loin des sources de la Duna et dn
Dniéper. Il reçoit en route de nombreuses rivières
qui se répandent sur un tiers de la Russie, parcourant ainsi toute sa partie centrale. L'usage lui dé-
cerne le genre masculin, comme attribut de sa puissance, mais dans le langage affectueux du peuple
russe, il est toujours la « Mère Volga. »

On ne voyage pas longtemps sur ce fleuve sans
ressentir pour lui une véritable affection. Son cours
imposant et calme n'a aucune des allures vagabondes
de son affluent l'Oka ; il coule tranquillement, ne
rencontrant ni barrages, ni chutes d'aucun genre ;
il a la monotonie douce et grandiose d'une stance
du Tasse.

Navigable depuis Twer, il garde les mêmes dimensions en largeur, à peu de chose près, jusqu'au
pont de Samara, à huit cents lieues plus loin. A partir du point de confluence de la Kama, il s'élargit et,
de huit cents mètres de largeur, il arrive à atteindre
1 et 4 kilomètres. Sa profondeur est de 3^m,50 en

moyenne dans la partie supérieure de son cours; mais elle atteint jusqu'à **12** mètres dans la seconde moitié.

Ce magnifique fleuve est compté au nombre des fleuves de l'Europe; il est aussi une ligne de démarcation entre deux parties du monde, on pourrait dire entre deux mondes. Jusqu'au milieu du xvi° siècle, les tribus errantes des hordes tartares envahirent et ravagèrent la Russie; chassés plus tard, elles se retranchèrent derrière le Volga, sur lequel Kazan était leur poste avancé; elles occupaient le pays entre cette ville et Astrakhan, jusqu'au jour de leur déroute définitive et de leur complet assujettissement, sous le règne d'Ivan le Terrible. La Russie, maîtresse de la Sibérie, triomphante dans les plaines reculées de l'Asie, a été arrêtée en Europe pendant plus de trois siècles, sur les bords du Volga. Aussi, les villes les plus importantes et les plus anciennes au sud de Kazan, Simbirsk, Syzran, Volsk, Sarator, Kamyshin et Tzaritzin, sont-elles toutes sur la rive droite, la rive russe du fleuve.

Kazan, jadis la résidence des chefs des hordes tartares, était, à cette époque, une simple agglomération de camps; et, quoi qu'en disent les Guides de voyages, ses constructions ne présentent au-

cun signe particulier d'une époque antérieure à la
conquête russe. Sa forte situation naturelle se re-
commandait d'elle-même aux Tartares ; distante du
Volga de plus de cinq kilomètres, Kazan est entourée de plaines marécageuses ou sablonneuses par-
courues par les dérivations de la profonde et lourde
rivière Kasana. C'étaient là des obstacles suffisants
contre les incursions ennemies ; mais, aujourd'hui,
ils sont tout aussi gênants pour les transports
commerciaux, du point de débarquement à la ville,
et cet inconvénient n'est pas supprimé par les tramways ; car ceux-ci ne servent, jusqu'à présent,
qu'aux voyageurs.

Kazan se trouve sur la grande voie entre la Sibérie et la Russie centrale. En outre, elle se trouve à
plus de 80 kilomètres au nord du point où la Kama
se jette dans le Volga ; cette Kama est la grande
route de Sibérie, navigable pour les steamers jusqu'à Perm, reliée par un chemin de fer à Ekaterinem-
bourg à travers les défilés de l'Oural. La voie sera
probablement bientôt poussée jusqu'à Tomsk et Ir-
kutsk, au lac Baïkal, à la frontière chinoise à Kaitkha,
aux rives de l'Amour, et jusqu'aux côtes de l'océan
Pacifique.

On estime que plus de 75 millions de francs en

marchandises prennent tous les ans cette route, pour venir de la Sibérie à la foire de Nijni-Novgorod, par la Kama et le Volga.

Kazan n'est cependant pas encore reliée à l'Europe par un chemin de fer; il n'y existe même pas de pont sur le Volga, et en hiver, c'est-à-dire pendant la moitié de l'année, ses relations avec le monde civilisé ne se font que par les primitifs traîneaux.

Néanmoins, Kazan est aujourd'hui une cité florissante. Sa population compte de 90 à 100 mille habitants, et le quart est composé de Tartares. Ceux-ci sont aujourd'hui établis, et vivent en paix avec leurs co-sujets russes; en qualité de mahométans, ils habitent des quartiers distincts ; ils ont leurs mosquées et leurs cimetières particuliers. Il est remarquable que deux races, qui ne nourrissent guère l'une pour l'autre des sentiments bienveillants, vivent ainsi côte à côte en assez bonne intelligence.

Mais il ne faut pas oublier que, dans les premiers temps, Slaves et Tartares ne différaient pas tellement dans les mœurs et le langage, et ces deux races n'ont pas été sans mêler leur sang. Au point de vue religieux, Tartares et Russes paraissent également satisfaits de leurs croyances respectives, et ni les uns ni les autres ne cherche

à se convertir mutuellement. D'une part, le clergé
russe a peu de goût pour le rôle d'apôtre parmi les
païens. Quand il tente les conversions, il agit,
poussé par des considérations terrestres et politiques, émanant de son gouvernement. On a pu
voir, dans certains cas, les prêtres se contenter de
séduire des néophytes, pour qu'ils consentissent à
recevoir le baptême et suivre les pratiques chrétiennes, tout en restant, en réalité, fidèles à l'islamisme. D'autre part, tous les mahométans ont pour
l'*idolâtrie* de l'Eglise orthodoxe des sentiments de
pitié, plus encore que de mépris; ils se moquent
du zèle de leurs conquérants, qui les poussa à em-
porter de la ville la « sainte mère de Kazan », pour
la transporter à Saint-Pétersbourg dans un temple,
médiocre copie de l'église de Saint-Pierre à Rome ;
tandis que eux Tartares, restent fermement
attachés au principe spiritualiste d'un seul Dieu
au ciel, avec un seul guide et législateur sur la
terre.

Il faut considérer aussi que, malgré la distance
qui sépare les dogmes particuliers de chacune de
ces religions, il existe nombre de principes analogues sur les devoirs de l'homme, sur ses craintes
et ses espérances, sur son origine et sa destinée.

il existe aussi, en nombre considérable dans les
deux races, des traditions sans fin, des pratiques,
des superstitions grossières, qui attestent leur origine orientale commune, et une sympathie intellec-
tuelle et morale, qui provient de leurs anciens et fré-
quents rapports et de leur mélange.

Le traitement auquel étaient soumises les femmes
de la vieille Russie qui restaient enfermées dans
les gynécées, appelés encore « harems », les cimetières à part, qui recevaient leurs restes, sont là
pour montrer clairement le doute qui existait sur
l'existence de l'âme des femmes et sur leur destinée au delà de la mort. Le respect, presqu'un
culte, des Russes comme des Turcs, pour les idiots
et les maniaques, et principalement pour ceux qui
ne supportent pas d'être vêtus, et qui vagabondent
à l'état de nature, « saints » qu'on regardait dans la
vieille Moscou, et qu'on regarde encore à Stam-
boul, comme possédant le pouvoir de faire des
miracles, ce culte est encore l'effet d'une superstition commune aux deux races. On connaît l'histoire
de Nicholas, ce « saint » dont la vue terrorisait à ce
point Ivan le Terrible, que tant qu'il fût là, le czar
ne pût accomplir son vœu de mettre en ruines la
rebelle Novgorod-la-Grande ; et ce ne fut qu'après

la disparition de cette nudité vagabonde, et quand des prêtres décemment vêtus et sains d'esprit l'assistèrent, qu'Ivan osa donner suite à son projet.

Il y a, parmi ces Tartares de Kazan, des hommes très riches, des marchands entreprenants qui se livrent à un important commerce avec l'Asie centrale et la Perse, voire même avec la Chine, quand les relations politiques ne s'y opposent pas. Quelques autres sont de grands propriétaires; ils emploient indifféremment, comme ouvriers, des Tartares ou des Russes; et, de leur côté, les Russes prennent volontiers leurs ouvriers de fermes et d'usines, ainsi que leurs domestiques, parmi les Tartares. Le Tartare soumis est un être intelligent, laborieux et sobre, comme le Chinois; comme celui-ci, il est souvent impopulaire parmi les classes ouvrières chrétiennes, parce qu'il se contente d'une rémunération que celles-ci regardent comme trop basse et insuffisante.

A la foire de Nijni, comme nous l'avons vu, ainsi qu'à Saint-Pétersbourg et Moscou, les domestiques tartares sont très recherchés.

Et cependant, ces Tartares n'ont rien perdu de leur nature indépendante. Le système d'esclavage imposé aux paysans russes, dans le but de les

guérir de leurs tendances nomades, et de les en-
chaîner au sol qui dépendait d'eux pour la culture,
n'a jamais été appliqué aux sujets tartares de la
Russie. En ne l'essayant même pas, peut-être les
Russes, comme les anciens Romains, regardaient-ils
certains de leurs vaincus comme trop supérieurs,
d'autres comme trop inférieurs, pour en faire des
esclaves. Quoique les Tartares puissent faire de bons
agriculteurs, le travail des champs n'est pas leur
fait. C'est surtout dans les villes, quelque dure que
soit l'occupation, qu'ils cherchent à s'employer.

On ne saurait nier qu'il n'y ait, nous le répétons,
des affinités très grandes, sinon des liens de parenté
actuels, entre les Russes et les Tartares. Jusqu'à
ce jour, et encore maintenant dans une certaine
mesure, le paysan Russe n'est autre qu'un Tartare
réduit à l'esclavage : dans le cœur, il conserve encore les goûts nomades. Donnez aux deux races la
même liberté absolue, faites-en une seule et même
classe de paysans propriétaires; cessez, en même
temps, d'entraver les mouvements de ces milliers
de pèlerins, de ces artisans ambulants, de ces dé-
serteurs, comme on les appelle aujourd'hui, tous
vagabonds, mendiants, et pire encore, qui pullu-
lent sur les routes de l'Empire, — vivant de cha-

CAMPEMENT DE TARTARES KALMOUKS.

rité et dépistant la police ; — faites tout cela, et vous verrez bientôt la race tout entière revenir à l'état nomade, comme au temps de Boris Godunoff. On verra si beaucoup mordent à ce travail des champs si salutaire et si sûr, mais exigeant et monotone, sur lequel devrait s'appuyer l'organisation de l'Empire, — comme tout État bien ordonné.....

Les Tartares de Kazan, qui appartiennent aux classes supérieures, sont parmi les plus civilisés et les plus instruits des Mahométans. La loi civile russe ne s'ingère, en aucun cas, dans leurs arrangements domestiques. Ils peuvent prendre femmes, en changer, quand et comme il leur plaît ; mais ils se bornent généralement à en avoir deux, et peu se risquent à un assortiment, moins facile à manier, de quatre épouses. Le plus grand nombre s'en tient aussi, vaille que vaille, au premier ou au second choix.

Les femmes ont presque toutes abandonné le yasshmak oriental, si tant est qu'elles l'aient jamais adopté ; elles ne portent sur la tête qu'un châle, qu'elles ramènent de temps en temps sur le visage, avec pruderie ou coquetterie selon les cas, quand elles jugent qu'elles ont à redouter les regard trop curieux d'un giaour.

Les habitations tartares sont générale ment isolées l'une de l'autre; elles ont, dans l'ensemble, une apparence particulière, quelque chose qui vous dit qu'elles ne sont que des tentes. On ne voit pas ces longues files de murailles blanches, hérissées de grillages, derrière lesquels l'islamisme jaloux du levant et du nord de l'Afrique aime à se retrancher. Les maisons, à Kazan, sont petites, simples et bâties sur un modèle à peu près uniforme; trois fenêtres en façade sur la rue, point d'étages, entourées par une étroite bande de jardin, laquelle est toujours accessible; des plantes et des fleurs font, aux fenêtres, l'office de rideaux ou de stores.

Depuis 1842, Kazan a subi une profonde transformation qui lui donne aujourd'hui l'aspect européen et moderne. La partie neuve de la ville peut rivaliser certainement avec les plus beaux quartiers de Saint-Pétersbourg, pour la propreté, le bon entretien. Elle possède une Université très bien dotée et fréquentée par près de 600 étudiants, et qui est renommée pour ses cours de langues orientales. Une bibliothèque importante, un observatoire, un jardin botanique et diverses collections s'y trouvent joints.

La ville a son Kremlin, sur l'emplacement de

la vieille citadelle, sa cathédrale, ses églises et monastères.

C'est un centre industriel très considérable. Il y
existe des minoteries, des distilleries, des tanneries
renommées; on y trouve des fabriques de bougies,
des manufactures de toiles, de broderies, d'ornements d'églises, et enfin une manufacture impériale
de poudres, et des chantiers de construction im-
portants. De toutes les stations du Volga, entre
Nijni et Astrakhan, Kazan est de beaucoup la plus
considérable.

Après avoir quitté la ville et reçu les eaux de la
Kama, le Volga, dont le cours était jusque-là dirigé
vers l'est, tourne brusquement et s'écoule vers le
sud. A Symbirsk, il revient brusquement à l'est,
jusqu'à Samara. Il rebrousse alors à l'ouest jusqu'à
Syzram, et enfin se dirige définitivement vers la
Caspienne, en passant à Saratof, Tzaritzin et Astrakhan.

A Syzram, la ligne ferrée de Moscou traverse le
Volga, un peu avant ce dernier point, sur un pont en
fer qui mesure un kilomètre et demi de long; il est
assez élevé pour livrer passage au-dessous de lui aux
plus grands steamers, sans qu'ils soient obligés de
toucher à leur mâture supérieure. C'est réellement

un chef-d'œuvre dans le genre, qui est l'objet de l'admiration générale. Pour les Russes, c'est le pont le plus long du monde.

Après avoir franchi le fleuve, le chemin de fer passe à Samara, puis, à 419 kilomètres plus loin, il aboutit à Orembourg, place importante sur le fleuve Ural. Ce sera là, si elle ne l'est actuellement, la route la plus directe, et probablement la plus courte, pour la Sibérie et l'Asie centrale ; plus avantageuse, en tous cas, que celle de Perm et Ekatérinembourg, qui est aujourd'hui la plus fréquentée.

Au delà de Syzram et de Samara, la campagne prend les couleurs méridionales : les côteaux des collines ont l'aspect grillé et fané, et leurs sommets dénudés sont coupés par des ravins crayeux ; toute trace de forêts a disparu, et ce n'est qu'à de rares intervalles qu'on aperçoit sur les rives des arbres ou des buissons, tous jeunes encore. Il y a beau temps, en effet, que les sept cents steamers du Volga ont consumé tout le bois qui pouvait se trouver aux alentours : les immenses piles de bûches qui encombrent aujourd'hui les jetées et des espaces de plus d'un mille proviennent de points éloignés dans l'intérieur ; le jour viendra où ceux-ci, à leur tour, seront entièrement dévastés, et alors la navigation ne pourra se passer du charbon, des naphtes, ou d'un combustible quelconque qu'il reste encore à trouver.

Déjà plusieurs steamers du Volga emploient, comme combustible, les rebuts de naphtes, à la place du charbon et du bois.

Ces bords du bas Volga et les steppes environnantes constituent les territoires que l'impératrice Catherine ouvrit aux entreprises étrangères, particulièrement aux Allemands. Dans le seul gouvernement de Saratof, sur une population de 1,700,000 âmes, il y a 120,000 habitants qui passent pour Allemands ; c'est à eux et à leurs pères que la Russie est redevable des progrès que l'agriculture a faits dans ces contrées, autrefois en friches.

Mais, aujourd'hui, découragés par six ou sept années successives de sécheresse, qui donnèrent par conséquent de mauvaises récoltes, désappointés de voir que le sol a perdu sa fertilité, les petits-fils des anciens laboureurs prennent volontiers les habitudes de malpropreté, d'indolence et d'ivrognerie, alors qu'on avait espéré que leur conduite régulière serait d'un bon exemple et guérirait les Russes de ces mêmes défauts. Il est clair que ces colons seront bientôt aussi peu utiles à leur pays d'adoption que les moins recommandables des indigènes.

Il n'est que juste de faire une exception en faveur des Mennonites et des Frères Moraves, qui, grâce à la solidité de leurs principes religieux et de leur discipline morale, résistent à la contagion de l'abrutissement ; et, partout où ils s'établissent, ils apportent cette prospérité qui est le résultat de leur travail et de leur bonne conduite.

Ces inoffensifs personnages, du moins les Mennonites, n'étaient pas des Allemands. La secte prit naissance en Hollande, d'où elle passa en Prusse ; mais ses membres furent attirés dans ces districts par Catherine II, qui leur promit l'exemption du service militaire, incompatible avec leurs principes, analogues à ceux des quakers sur ce point.

Soit que ce privilège, octroyé par Catherine, ne dût avoir d'effet que pendant 90 années, soit que les Mennonites eussent craint que ce gage ne fût pas maintenu par les successeurs de l'impératrice, soit pour tout autre motif, — toujours est-il que, lors de la promulgation des nouveaux décrets rendant le service militaire universel et obligatoire en Russie, plusieurs de ces sectaires allemands se réfugièrent en Amérique. On les y rencontre un peu partout errants et disséminés ; les uns sont au Canada, d'autres au

Brésil et dans la République argentine ; il y en a
même sur les frontières de la Patagonie, tous à la
recherche de nouveaux séjours calmes et paisibles,
—mais hélas! qu'ils ne trouvent pas facilement,
dans ce siècle de lutte universelle. Aussi quelques-
uns, avec leurs souvenirs du passé, reviennent à la
Russie.

Partout, ces Mennonites sont des gens exemplai-
res, et leurs villages sont des modèles de propreté,
d'ordre et de bien-être, pour les pays dans lesquels
ils sont établis. Les Russes, cependant, tout en les
admirant et les jalousant, les regardent comme des
hommes d'une origine différente de la leur : aussi
ne font-ils rien pour s'élever à leur hauteur ; ils n'es-
pèrent pas et ne désirent pas y arriver. Ils sont
Russes et ne souhaitent qu'une chose : c'est de
rester Russes comme leurs pères.

« La Russie pour les Russes », tel est le mot
d'ordre ; et c'est sans de vifs regrets que l'on voit
les colons allemands, bulgares et autres, reçus
jadis comme les bienfaiteurs des travaux industriels et agricoles, échouer dans leurs entreprises.
Ce sentiment de confiance en soi-même, qui ne tarit
pas, est un des phénomènes qui s'imposent aux
réflexions du voyageur. — Somme toute, il est peut-

être de bon augure, malgré ses tendances naturelles
à dégénérer en exclusivisme aveugle et en fâcheuse
illusion.

De Nijni à Tzaritzin, le bateau s'arrête à plus de
trente stations.

Plusieurs de ces stations sont des villes de 50 à
100,000 habitants. Outre le commerce des céréales
et du tabac, toutes ces agglomérations ont leurs
industries d'articles indispensables ou de luxe,
dont elles approvisionnent elles et leurs voisins.

Partout on aperçoit de grandes constructions,
moulins à vapeur, manufactures de tabacs, mines de
sel, fabriques de savons et de bougies, tanneries;
enfin, et non en plus petit nombre, des véritables
palais où se vend le koumiss, le lait fermenté des
juments, breuvage salutaire qui constitue maintenant un agent thérapeutique, ce qui a donné l'occasion de fonder des établissements *ad hoc*, principalement à Samara. Ce sont des rendez-vous élégants,
fréquentés par les phthisiques et autres incurables,
réels ou imaginaires.

On est épouvanté à la pensée que cette vie si
active, et en somme si joyeuse des bords du Volga,
est destinée à l'immobilité de la mort pendant six
ou sept mois de l'année.

Que deviennent tous les capitaines, les officiers, les équipages de ces 700 steamers et des 5,000 gabarres qui fourmillent sur le fleuve pendant la belle saison? Que deviennent ces milliers de femmes dont toute l'occupation est de porter aux navires les bois de chauffage rangés sur les quais? Que deviennent ces hommes, ces chevaux, qui mettent en mouvement les bateaux sur l'Oka, le Kama, le Don, le Dniéper, le Dniester et autres? Quel est leur sort, pendant cette interminable saison d'hiver, qui fait des plaines de la Russie des déserts de neige et de glace?

Peut-être les chemins de fer, les traîneaux dont l'activité est doublée, emploient-ils un certain nombre de tous ces êtres attachés pendant l'été au service des fleuves, et qui, heureusement, trouvent là un remède contre la torpeur et l'inertie de ces longs hivernages.

Que l'on songe qu'en Russie nombre de métiers, tous ceux qui s'exercent en plein air et qui marchent ailleurs pendant presque toute l'année, subissent une longue et fatale interruption.

Que dirait-on en France ou en Angleterre de six mois d'hiver pendant lesquels la terre est dure comme le roc, le bétail ne peut sortir des étables;

— pendant lesquels la truelle du briquetier et du maçon devient inutile?

Puis, en manière de compensation, quels êtres humains pourraient résister au travail écrasant qu'il faudrait développer pendant les mois d'été, où le soleil éclaire pendant vingt heures, pour pouvoir suppléer aux longues heures perdues de pareils hivers? Ajoutez à cela que, dans ce climat, la chaleur est aussi accablante que dans les grandes plaines de la Lombardie et de l'Émilie.

Cette indolence, cette malpropreté du paysan russe, ce désordre, cette imprévoyance des mœurs agricoles, cette observance absurde d'une centaine de fêtes religieuses, enfin ce goût peu ordinaire des liqueurs fortes, — sommes-nous sûrs que ces défauts ne soient pas, en partie, les effets des conditions atmosphériques qui détruisent les énergies physiques et morales dans la proportion où elles-mêmes rendent celles-ci nécessaires?

CHAPITRE VIII

Le bas Volga et Astrakhan. — La mer Caspienne.

A Tzaritzin, située sur le fleuve, commence le
Volga de la steppe ; un peu en amont de cette ville,
à près de 600 kilomètres de l'embouchure, se dé-
tache le bras d'Atchuba dont le cours parallèle au
fleuve figure la branche orientale de son long delta.
La grande ligne ferrée de Smolensk par Orel aboutit
à Tzaritzin, mettant en communication la Caspienne
avec la Baltique ; un embranchement d'une soixan-
taine de kilomètres relie en ce point le Volga au
Don, à Kalatsch, et par là-même, la mer d'Azof à
la Caspienne. Par sa position de tête de ligne, cette
petite ville est devenue le véritable entrepôt de tout
le trafic de la partie sud-orientale de la Russie ;
c'est aussi toute son importance, qui ne date que de
l'établissement des voies ferrées.

A Tzaritzin, on est déjà dans la steppe, ce vaste
océan de maigre verdure qui s'étend du Caucase
aux confins de la Chine, sur lequel errent les troupeaux des tribus tartares. Ces hommes, pasteurs
nomades, n'ont point de résidence fixe. Le gouvernement impérial borne, en général, son intervention
à ce qui est absolument nécessaire pour assurer le
paiement du tribut auquel ces êtres parfaitement
inoffensifs et paisibles sont assujettis : ce tribut est
proportionné au nombre de chevaux, de bœufs et
de chameaux, errant sur une étendue qui est environ la moitié de la superficie de la France, peuplée
de 600,000 habitants, y compris la population
d'Astrakhan, chef-lieu de la province.

Il faut ajouter que le gouvernement, en établis-
sant des magasins, approvisionnés de grains et de
fourrages, s'efforce de préserver des famines qui
ravagent souvent, pendant les hivers, ces tribus im-
prévoyantes. De même, on les pousse à construire
des abris avec des briques séchées au soleil et recouvertes de peaux. En augmentant ainsi leur bien-
être et, à l'occasion, leurs richesses, la Russie ci-
vilise et assujettit, dans la mesure de ce qui est
possible, lentement mais sûrement, les peuplades
du centre de l'Asie. Jusqu'à ce jour, la population con-

quise se range en trois catégories : la première qui
comprend les Tartares soumis et qui gagnent leurs
moyens d'existence, comme hommes de peine, rarement comme commerçants prospères; en second
lieu, les Tartares à moitié soumis, qui vivent dans
la steppe, en tribus, du produit de leurs troupeaux;
et en troisième lieu, les Tartares encore sauvages,
qui échappent à la marche en avant de la civilisation, et qui mourront, le sabre à la main, ou péri-
ront d'inanition dans la dernière retraite qui leur
restera, quand le pays sera envahi.

Il n'y a pas de nombreux exemples de Tartares
revenant à leur ancienne vie; et il y a longtemps
qu'on n'a pas assisté à des fuites en masse, comme
celles du règne de Catherine II, quand toute une armée de 400,000 Tartares *Nogaïs*, révoltés par les
exactions du gouvernement impérial, plièrent tentes
et bagages, désertèrent les bords du Volga où
ils étaient établis, et reprirent leur sauvage indépendance dans les déserts de ce vaste continent.

Astrakhan est une ville moderne, avec des rues
larges et droites, la plupart recouvertes de sable :
les trottoirs sont en briques usées et en mauvais
état, et comme la plupart de ceux de Buenos-Ayres
et d'autres villes d'Amérique, ils sont tellement

élevés au-dessus de la chaussée, que si l'on n'y prend
garde, on peut facilement se casser une jambe.

La ville a son Kremlin ; séparé de la citadelle. Le
Kremlin est une espèce de cloître ; il contient la
cathédrale et l'archevêché, plusieurs monastères et
les demeures des prêtres. La ville et ses environs,
comme dans toute la Russie, compte plus d'é-
glises qu'il n'est nécessaire pour le nombre des
prêtres et des fidèles.

Le palais du gouverneur est un édifice peu élevé,
bâti au-dessus d'une file de boutiques sur une des
places principales de la ville. Les vues et les abou-
tissants sont balayés par une épaisse et désagréable
poussière imprégnée de détritus de toutes sortes ;
mais, somme toute, Astrakhan est moins malpropre
qu'on pourrait le croire, en pensant que la population est composée de Russes, de Tartares, de Kal-
moucks, de Perses, d'Arméniens et de Juifs.

Le sol a deux aspects : il est marais ou sable,
suivant que la saison est celle de l'humidité ou celle
de la sécheresse. De là, les frais considérables d'exploitation et d'installation si l'on veut y établir une
culture suivie. Mais les propriétaires peu aisés,
ainsi que les maraîchers, s'arrangent pour tirer de
leurs entreprises un plus grand profit avec une mise

de fonds médiocre. Les raisins ne sont pas de qualité supérieure, et ils ont à lutter avec ceux de l'Italie, qui commence à approvisionner les marchés de Moscou et de Saint-Pétersbourg des fruits et des légumes les plus variés. Ces produits arrivent par chemin de fer, à travers les Alpes, et par les lignes autrichiennes et allemandes.

Les vins d'Astrakhan, tout en étant buvables, ne valent pas les meilleurs crus du Caucase et de la Crimée.

La Russie, d'ailleurs, est, de tous les pays d'Europe, celui où il est le moins facile de trouver un verre de bon vin ; dans les hôtels, on ne boit qu'un produit sophistiqué; principalement, le vin de Bordeaux est absolument méconnaissable pour les personnes qui en ont goûté à l'état naturel. La Russie, comme le Danemark et tout le Nord, sont les victimes impuissantes des fabricants de vins de Hambourg, les plus grands fraudeurs de la terre.

Si Astrakhan produit quantités de raisins et de fruits, la grande richesse de cette ville est fournie par ses pêcheries.

Le Volga, et les cent petits canaux qui constituent le delta et les côtes septentrionales de la Caspienne, produisent plus de poissons que celles de la

15

Norwège et de Terre-Neuve ensemble. Le produit annuel des pêcheries, — esturgeon, saumon, sterlet, brochet, alose,— s'élève à environ 160,000 tonnes de poissons, d'une valeur de 20 millions de roubles, c'est-à-dire près de 80 millions de francs. Les harengs, à eux seuls, produisent un revenu de 4 millions de roubles. Ce résultat est atteint, tout en transformant la moitié du produit en huile, et malgré le système de gaspillage maladroit, imprévoyant qui est employé; grâce auquel, du reste, quelques-uns des meilleurs poissons commencent à diminuer d'une manière sensible, tandis que d'autres espèces, rejetées auparavant comme étant sans valeur, sont gardées aujourd'hui et envoyées sur le marché.

A l'exception du caviar qui se vend sur toute la surface du globe, ces pêcheries n'approvisionnent que les marchés de l'intérieur, sous forme de salaisons et de conserves; et cela, quoique toutes les rivières de la Russie soient, en général, très poissonneuses. C'est là un avantage providentiel, quand on songe que le clergé russe, comme le clergé romain d'ailleurs, a institué dans l'année 226 jours maigres ou de jeûne.

Une des causes de ce développement extraordi-

naire du commerce de poisson peut provenir de ce
que, sous la latitude d'Astrakhan, l'hiver est moins
long que plus au nord. Les époques de la pêche
sont l'automne et le printemps; mais, l'hiver, on ne
reste pas inoccupé : on a la coutume, en effet, de
creuser des trous dans la glace, de distance en distance, suivant une ligne droite, et quelle que soit son
épaisseur; le filet est manœuvré par ces trous,
sous la glace, et par la brèche faite le plus près du
rivage, on le retire de l'eau.

Le delta du Volga et la mer Caspienne sont à
25 mètres au-dessous du niveau des eaux de la mer
Noire.

Astrakhan, sur le côté gauche du grand chenal
du delta, et à 150 verstes en amont du mouillage,
est dans la situation d'une île au milieu d'un vaste
océan, quand le Volga descend vers la mer, au printemps, grossi par le dégel des glaces du nord : les
bas quartiers ne sont préservés de l'envahissement
que par les fossés qui les entourent, comme en
Hollande.

Les huit branches principales et les petits canaux
qui, en temps ordinaire, déterminent sur la terre
ferme une quantité de petites îles, prennent, pendant

cette grande crue du fleuve, l'aspect d'une plaine
liquide, à la surface de laquelle on n'aperçoit de
ces îlots que les crêtes surmontées de villages
isolés, avec leurs huttes en bois, leurs édifices
blancs, et les églises à cinq dômes, tous endigués
comme la ville elle-même : ce sont des villages de
Tartares, de Kalmouks, de Cosaques, la plupart
des établissements de pêche, ou des villages de
pêcheurs. Il y a là une population de 20 à 30,000
âmes, disséminée sur les sables et les dunes, gens
de toutes les races, de toutes les croyances, ayant
tous les mêmes occupations ; les Tartares et les
Kalmouks tiennent les rangs inférieurs, tandis que
des Russes et en général d'autres Européens sont
surveillants, contre-maîtres, ou premiers ouvriers.

Les Russes, ici, représentent l'intelligence ; et les
Asiatiques, aussi bien le sexe féminin que l'autre,
la force brutale.

Les femmes à Astrakhan, comme dans les autres
villes du Volga, font toutes sortes de travaux, et ne
reçoivent, à peine égale, que la moitié du salaire qui
serait dû à l'homme : 20 copecks, ou 60 centimes,
là où les hommes en gagneraient 40.

C'est la règle en Russie ; quelque chéries que
soient les femmes comme épouses et sœurs, elles

doivent travailler comme des animaux, et sont traitées
et corrigées comme tels. Le droit de battre la femme
était, s'il ne l'est encore, réclamé par le mari ; dans
les districts reculés, l'époux, pendant la cérémonie du
mariage, prenait un fouet qu'il tenait au-dessus des
épaules de sa jeune épouse, avec lequel il la frappait
doucement, indiquant ainsi le châtiment auquel il
pouvait recourir dans les éventualités futures de
l'union conjugale, mais en même temps les sentiments de douleur et de regrets qui l'animeraient toujours en pareille circonstance.

L'abaissement de la femme est chose si naturelle
en Russie, qu'elle ne compte pas dans la population
des communes ; on sait, en effet, qu'on entend par
le mot *âmes* les hommes tout seuls.

Les Tartares et les Kalmouks, nous l'avons dit,
habitent les villages autour d'Astrakhan. L'un deux,
Bazar-Kalmouk, possède une pagode ou temple
de Boudha, édifice grossier à trois étages, comme
en Chine ; l'intérieur est divisé en deux parties, le
vestibule et le sanctuaire ; les images nombreuses
pendues aux murailles, les tables, les idoles sculptées
sont de l'art le plus primitif. Dans le vestibule se
trouvent un gong gigantesque et deux trompettes immenses : ce sont les instruments de l'orchestre qui

accompagne le chant pendant les cérémonies.

La population qui appartient à la catégorie des races asiatiques à moitié soumises n'offre rien de particulier : elle est pauvre, et ne semble pas douée d'une intelligence bien vive. Cette situation anormale entre l'état nomade qui était le leur, et l'état de soumission complète dans lequel ces peuplades arrivent à profiter des bienfaits de la civilisation, n'est pas favorable, évidemment, au progrès de leurs facultés.

Ces Kalmouks sont les frères de ceux qui occupent la steppe, sur la rive droite du Volga, et qui s'étendaient jadis sur toute la rive gauche du fleuve et les bords nord-orientaux de la Caspienne. Ceux qui occupaient cette dernière partie se sont retirés vers la fin du xviiᵉ siècle, préférant repasser sous la domination chinoise, en Asie. Ils y ont été remplacés, depuis 1805, par les tribus des Khirgizes.

Les Kalmouks de la steppe, restés indépendants, sont supérieurs aux populations que nous avons trouvées établies sur les bouches du fleuve. Ils habitent dans des tentes de feutre, appelées *kibitkas*, avec leurs troupeaux de chevaux, de bestiaux, de moutons, de chèvres et de chameaux. Ces tentes

sont éclairées par le haut, et n'ont point de cheminées, de sorte que l'intérieur est toujours enfumé.
L'ameublement, d'ailleurs, y est primitif et réduit
au strict nécessaire. Ces peuplades, essentiellement
nomades, errent dans le désert, y promenant leurs
troupeaux, et ne sauraient s'embarrasser, par conséquent, de nombreux bagages.

Divisées en tribus, chacune de celle-ci suppose
un certain nombre de tentes, et appartient à un chef
ou prince. Quelques-uns ne sont pas sans posséder
certaines richesses. M. A. Gallenga nous dit, à ce sujet, qu'il a rencontré sur le steamer, en descendant le
Volga, des princesses kalmoukes. Ces dames portaient
de riches toilettes, pour coiffures, des toques ressemblant à celles de nos magistrats, mais brodées
d'or et d'argent; des jupes de soie noire, le cor-
sage en soie écarlate; aux mains et au cou une pro-
fusion de bijoux. D'ailleurs, le pur type mongol de
leur visage, ces faces de pleines lunes, aux traits
épais et plats, paraissaient encore plus laids sous
ce brillant costume.

Le mari de l'une d'elles possédait 10,000 tentes
ou familles d'esclaves avant l'émancipation. Il reçut,
en compensation, une somme ronde de 70,000
roubles, et depuis, il continue à entretenir de nom-

breux troupeaux, dont il tire de gros revenus, tout en payant les salaires de ses anciens esclaves, aujourd'hui libres.

Les princes kalmouks habitent dans des tentes, de même forme et de même apparence que celles de la tribu qui les entourent. L'intérieur seul en est plus riche. L'ameublement se compose d'un grand lit recouvert d'une étoffe de soie et orné de rideaux; d'un divan et de tapis persans, qui sont souvent d'une belle qualité. De belles étoffes de satin blanc, brodées d'or, servent de tentures, et au milieu de l'une d'elles se trouve toujours la petite statue de Boudha, enveloppée soigneusement d'un voile de mousseline.

La mer Caspienne, qu'au temps de Strabon on considérait encore comme un simple golfe, est un lac immense qui, par l'étendue de sa surface de plus de 450,000 kilomètres carrés, et la salure de ses eaux, a mérité le nom de mer; sa profondeur, qui atteint 600 mètres en certains endroits, dans le bassin méridional, est très variable, car dans la partie nord elle n'est pas de plus de 70 mètres. La présence de cette mer intérieure témoigne, en même temps que la configuration du sol, de l'existence des eaux sur toute cette partie du continent, dans les temps reculés.

L'Europe était alors séparée de l'Asie par une mer qui communiquait d'un côté avec le bassin du Pont-Euxin, et de l'autre avec l'océan Arctique par la grande vallée de l'Obi : c'est, du moins, l'opinion aujourd'hui reçue. De cette grande mer, la Caspienne et le lac d'Aral restent aujourd'hui les seuls vestiges. Il est permis de penser que dans un avenir certainement éloigné, mais qu'on pourrait calculer approximativement, il est permis de penser que ces restes de mer auront disparu presque complètement et fait place à la steppe déserte qui en forme actuellement le fond.

D'une part, en effet, les sables apportés par le Volga, l'Oural et les autres cours d'eau qui s'y jettent, tendent à combler de plus en plus la mer Caspienne, pendant que l'évaporation des eaux est elle-même très appréciable (1). Aussi, on a pu constater qu'à Baku, le ni-

(1) Ce n'est que depuis le commencement du XVIIIe siècle qu'un ingénieur de Pierre le Grand, le capitaine Jean Perry, démontra scientifiquement qu'aucune communication souterraine n'existe entre la mer Caspienne et une autre mer, et que l'évaporation suffit pour expliquer comment le déversement de tant de fleuves ne modifie pas le niveau de ce grand lac. Aristote pensait qu'il y avait une issue souterraine qui le faisait communiquer avec un endroit du Pont-Euxin, où la mer, disait-il, est d'une profondeur immense.

veau avait baissé de 4 mètres en quatre-vingts ans. Ces deux causes concourent donc à produire le même effet, mais il est certain qu'elles n'agissent qu'avec une grande lenteur : au surplus, les œuvres du temps ne se font qu'ainsi, et le but n'en est que plus sûrement atteint.

La rade d'Astrakhan se trouve au bout du grand bras du Volga, et est éloignée de la ville d'une centaine de lieues. On l'appelle la station des Neuf-Pieds, parce que les navires d'un tirant d'eau plus considérable n'osent pas s'y aventurer. On peut dire qu'on y est en pleine mer ; on n'aperçoit plus les 70 îles principales, les flots disséminés à l'embouchure. Tous les jours, les sables du Volga engorgeant les bras du delta et empiétant sans cesse sur le domaine des flots, il arrive que la rade recule elle-même, si bien que, sans aucun abri de la terre, elle mérite à peine ce nom.

Là, on embarque sur l'un des vieux steamers appartenant à la compagnie à vapeur « Caucase et Mercure »; qui vous porte clopin-clopant à l'un des ports du sud. La traversée n'offre, en général, rien de particulier, et l'on s'aperçoit souvent que l'on est sur une véritable mer, aux ballottements désagréables du navire.

Le pont du bateau est généralement encombré,

surtout aux époques des foires, par des Perses,
des Arméniens, des Juifs, des Tartares, et autres
échantillons de la race humaine. On a là l'occasion
de se livrer à une étude de mœurs qui n'est pas dé-
pourvue d'intérêt, pourvu qu'on puisse la faire à
distance, car la propreté, même ordinaire, n'est
pas ce qui distingue ces hommes de l'Orient.

La nuit, allongés, les uns sur des matelas ou des
tapis, les autres à même sur le pont, recouverts de
leurs manteaux et couvertures, tous ces êtres humains
sont confondus, sans distinction de races; puis, au
jour, tous, comme d'un commun accord, mais sans
signal, jeunes et vieux, font leurs dévotions au Dieu
qu'ils adorent, toujours le même, sous des noms
différents : les Cosaques et les Russes, avec leurs
mouvements saccadés de la tête, pleins de trivialité;
les Perses et les Arméniens, agenouillés sur leurs
tapis déployés, le chapelet aux doigts; les Tartares,
les yeux tournés vers l'Orient, se prosternant et se
relevant avec dignité, sans que jamais la moindre
précipitation vienne compromettre la gravité de leur
attitude.

Tous ces fidèles de croyances différentes rivalisent
de zèle et d'ardeur, et chacun, convaincu de la pureté
de sa foi, jette un regard de pitié dédaigneuse sur

son voisin, contemplant, étonné, les rites et pratiques qui ne ressemblent pas aux siennes.

Après ce devoir sacré, on songe à soi. Les familles
se réunissent, on s'assied sur le pont, on cherche
au fond des sacs les restes du souper qui doivent
faire les frais du déjeuner. Les pains chauds, fournis
par le maître d'hôtel du bord, circulent; le samovar
public et particulier fonctionne, on se fait passer les
petits verres de *wodki*, on allume les cigarettes,
et ce même pont, un instant auparavant un lieu de
prières, devient tout d'un coup une salle à man-
ger dans laquelle les saillies, les éclats de rire dominent le bruit des conversations qui, dans tous les
pays et sous tous les climats, accompagnent le
travail de mastication.

CHAPITRE IX

Le Caucase. — De Vladikavkas à Tiflis.

Quand on veut traverser le Caucase pour se rendre à Tiflis, comme la voie ferrée ne relie pas ces deux villes, il faut se munir d'un moyen de transport. Il y a bien le véhicule universel en Russie, la *perecladnaïa*, caisse oblongue en planches ou en osier, qui porte aussi le nom de *telègue* quand elle est découverte, et celui de *kibitka* quand on la surmonte d'une capote en cuir ou en toile. Mais, de l'avis des indigènes, il est infiniment préférable et plus sûr de se servir du *tarantass*, qui est le véritable véhicule de la steppe.

Ce qui distingue ce dernier, c'est qu'il ne repose sur aucun ressort ; la caisse est fixée directement sur une vingtaine de longues perches flexibles, placées sur les essieux, très voisines l'une de l'autre,

de façon à former une espèce de claie un peu élas-
tique. Ce véhicule présente l'avantage des chariots
de campagne, d'être très simple et solide : il est
certain que dans ces plaines abandonnées, sur des
routes à peine tracées, une voiture à ressorts pourrait être d'un grand embarras. Qu'un ressort se
casse, et vous aurez à parcourir trente à quarante
lieues avant de rencontrer un forgeron. Avec le tarantass, au contraire, ce qui peut arriver de pire,
c'est de briser une des perches, et comme le dit un
voyageur, il y a toujours sur la route un jeune pin
qu'on peut couper. Malheureusement, tout le monde
n'a pas un tarantass. On n'en trouve pas à louer,
tandis que les maîtres de poste sont tenus de fournir
la perecladnaïa, avec ses chevaux, aux voyageurs
munis du « paradoshna »; document qu'il faut avoir
soin de se procurer avant toutes choses, car c'est
l'ordre de délivrer des chevaux, aux différents relais
de la route. Ainsi outillé et muni d'un « yamschik »
ou cocher, on est en règle, et l'équipage s'élance
au grand trot ou au galop, faisant tinter la sonnette
suspendue à l'arc-boutant qui décore l'encolure du
timonier. Cette sonnette est réservée à la poste, et
tous les véhicules qui n'en sont pas munis sont tenus de se ranger à votre approche.

Quand on vient de Pétropsk, sur les bords de la Caspienne, pour se rendre à Vladikavkas, la route passe dans un défilé de montagnes bien boisées, qui aboutit à Shura, petite ville de 6,000 habitants, et résidence du gouverneur du Daghestan.

De Shura, la route tourne brusquement au nord, et à partir du Chir-Yurt, à une cinquantaine de kilomètres plus loin, on entre dans un nouveau défilé commandé par une colline sur laquelle se voient encore plusieurs tours : c'est là que se trouvaient les postes avancés du chef circassien, Schamyl, à l'époque ou il résista, dans une lutte inégale et vaine, aux forces de la Russie, en 1859.

Au sortir de ce défilé, on entre dans la steppe qui se déroule en avant. La steppe, comme on sait, est un désert sablonneux, jadis le lit de la mer dont on rencontre encore les vestiges salés en quelques endroits. Cet océan de sable est couvert, pendant l'été, de maigres broussailles grillées par le soleil, qui abritent une herbe grossière, mais épaisse, puisqu'elle alimente des troupeaux de bétail.

Vers le nord, la plaine immense s'étend jusqu'à Moscou, on peut même dire jusqu'à la mer Polaire, et n'est masquée, par intervalles, que par les mem-

brures du Sunsk-Aruk qui ondulent comme de longs
flots de sable.

Au sud, la grande chaîne du Caucase; on en
aperçoit distinctement les premières cimes violettes
qui cachent encore à la vue les régions plus élevées
avec leurs neiges et leurs glaciers perpétuels.

Sur la steppe, le ciel est le plus souvent couvert,
et chaque souffle de vent soulève des nuages de
poussière qui vous aveuglent. Mais la monotonie,
la tristesse de ces paysages n'est pas sans majesté ;
à de grands intervalles, les relais, les villages et
des hameaux viennent interrompre l'uniformité. Partout où le moindre cours d'eau permet d'exploiter
quelques arpents de terre, les gens s'en emparent,
en font des champs et des prairies, y plantent des
peupliers et des saules, créant ainsi des oasis
dans cette immensité dont le soleil pendant six
mois de l'année aspire jusqu'à la dernière goutte
d'humidité! Vient enfin le printemps, pendant
lequel ce sol ingrat prend sa maigre part des larmes
qui forment l'accompagnement des fiançailles de la
nature.

Dans ces régions, on rencontre le buffle, au nord
et au sud du Caucase. Cet animal est plus estimé
que le bœuf, et rapporte plus du double. Les bou-

RUINES DU COUVENT DE KULAÏS.

viers tartares lui donnent aussi la préférence à cause de sa plus grande force et parce que la femelle produit un lait plus substantiel.

On voit aussi le chameau et le dromadaire ; mais ces animaux ne sont pas seulement dans la steppe ; on en voit, en effet, à Samara, sur le Volga, et aux autres stations de la rive gauche, que l'on peut considérer comme les portes de la Russie sur l'Asie.

C'est à Grosnaya, petite ville, que l'on trouve les premiers tumulus, qui ont eu tant d'attraits pour les archéologues de la Russie et de toute l'Europe. On en voit également sur toute la steppe, jusqu'à Vladikavkas.

Il suffit d'avoir vu ces élévations de terrain, pour demeurer convaincu qu'elles sont dues à la main des hommes, et, selon toute apparence, d'hommes appartenant aux races nomades, désireux de perpétuer la mémoire d'un chef dont les restes reposent en cet endroit. On pense que ces tumulus sont dus aux Scythes, qui, comme les Pélasges, vivaient dans les temps reculés. Ces éminences de gazon tenaient lieu des cairns en pierres ou en maçonnerie dont les matériaux faisaient défaut ; et elles dureront cependant aussi longtemps que les monuments de bronze et de marbre des Grecs et des Romains.

Quelques-uns de ces tumulus ont été démolis dans un but scientifique ; mais la plupart sont encore intacts, tels qu'ils étaient il y a plusieurs milliers d'années.

Des monuments du même genre se rencontrent dans les provinces de Kherson, de Kharkhoff, dans d'autres parties de la Russie méridionale, ainsi que dans quelques districts de la Sibérie.

Les voyages dans les steppes se font souvent sans encombre ; mais il arrive fréquemment aussi, au milieu de cette population tartare toujours en armes, que la Russie a mis vingt années à vaincre, et qui n'a pas encore perdu le souvenir des exploits de Shamyl, il arrive fréquemment que des crimes horribles viennent réveiller l'attention ; aussi rencontre-t-on souvent en route des sentinelles, des escadrons de Cosaques en tournées ; et les fonctionnaires russes qui voyagent dans ces parages s'entourent-ils toujours de précautions, et se font-ils accompagner d'escortes suffisamment armées et prêtes à repousser les attaques.

Le service des relais en Russie n'est qu'imparfaitement assuré : grâce à la pénurie des chevaux, les voyageurs perdent souvent des heures entières, des demi-journées, voire même une nuit, à attendre l'ar-

rivée de nouveaux renforts. Et encore faut-il que
d'autres voyageurs n'aient pas retenu avant vous un
équipage, car, dans ce cas, c'est un nouveau retard ;
bien heureux quand un privilège, une recommanda-
tion ne vient pas, ici comme ailleurs, altérer l'ordre
naturel des choses.

Vladikavkas est bâtie aux pieds de la chaîne principale du Caucase, à l'entrée de la vallée du Térek
que suit parallèlement la route qui mène à Tiflis. En
été, le voyage n'a rien d'effrayant ; mais en hiver,
le passage de la montagne est rendu impraticable
par les orages et avalanches : aussi le service de la
poste est-il interrompu pendant de nombreuses semaines.

C'est à Vladikavkas qu'aboutissent toutes les
lignes de la Russie, et comme la seule route carros-
sable entre la Trans-Caucasie et la Cis-Caucasie y
passe, cette ville, qui compte actuellement 30,000
habitants, peut envisager l'avenir avec confiance.
Comme site, l'emplacement n'est pas heureux.

Trop près de la montagne, on n'y a pas une vue
aussi étendue qu'à Turin ou à Berne, au pied des
Alpes : la vallée du Térek n'est pas non plus assez
dégagée pour permettre d'embrasser d'un coup d'œil
la montagne. Par un temps découvert, on ne peut

apercevoir que les pointes neigeuses du Kasbeck
et de deux ou trois autres pics d'ordre inférieur.
— Nulle part ces brèches, ces échappées qui per-
mettent d'apercevoir, au delà des Alpes Grées et
Pennines, les montagnes plus petites qui s'enche-
vêtrent l'une sur l'autre, formant ainsi ces magnifiques amphithéâtres que l'on admire de la plupart
des villes du Piémont et de la Lombardie.

La route du Térek est à une hauteur de 2,400
mètres, et par conséquent à 600 mètres au-dessus de
la route du Saint-Gothard, du Simplon et des autres
routes carrossables des Alpes, en exceptant celle
du Stelvio. Elle a une longueur de 200 kilomètres au
moins, partagée en douze relais.

Grâce à la largeur de la vallée, on a pu y éviter les
pentes trop raides et directes, de sorte que les bons
bidets de poste peuvent y trotter presque tout le
temps; aussi le voyage peut-il se faire en vingt-quatre
heures.

En quittant Vladikavkas, la route, presque immé-
diatement, contourne une haute falaise en saillie dans
la vallée, et entre dans un défilé très étroit, « le val
du Duriel », désigné par les anciens sous le nom de
Portes caucasiennes: série de rochers immenses, calcaires et schisteux, couronnés de verdure; le Térek

y roule par bonds insensés, et les montagnes sont
si rapprochées que c'est tout au plus si à cet endroit
la vallée est assez large pour la route et le torrent.
Ce point supporte facilement la comparaison avec les
gorges les plus réputées des Alpes suisses ou italiennes ; mais les montagnes n'ont pas cette coupe droite
de la *via Mala* sur le Splügen, avec laquelle on a
voulu établir une comparaison ; elles ne forment
pas non-plus des abîmes, des précipices comme le
Pont-du-Diable et l'Urner Loch, au Saint-Gothard.

A mi-distance de Kasbeck à Tiflis, se trouve un
monastère juché à 400 mètres au-dessus de la
route.

De ce point, on contemple la région supérieure
des montagnes, comme les touristes, le panorama
de l'Oberland bernois du haut du Faulhorn des
Alpes.

C'est là un spectacle réellement magnifique. Ce
Kasbeck, avec son sommet principal de 5,000 mètres
environ au-dessus du niveau de la mer, pyramide
aiguë rappelant le Cervin quand on le voit du côté
de l'Italie, présente l'idéal le plus sublime des scènes
de montagnes.

Il est isolé ; les masses nombreuses et gigantesques qui l'entourent n'ont l'air de rien. Couvert de

neige, il contraste, par la tristesse et la solitude du lieu, avec le paysage qui se déroule au-dessous, verdoyant et animé.

C'est aux mois d'avril et de mai, alors que les premières effluves du printemps font tressaillir le cœur des montagnes, que retentit le fracas des avalanches, qu'il faut voir le Kasbeck, pour juger du spectacle sublime qu'il offre.

A Krest, à deux étapes du Kasbeck, se trouve une croix qui marque le haut de la passe et le point de séparation des eaux. De ce point à Gudant, à Mléti, la route fait un saut de 900 mètres; on redescend sur le flanc de la montagne, le long de magnifiques courbes étagées, pour le tracé desquelles on a tiré parti de toutes les irrégularités du terrain; de sorte que, d'en haut, la route ressemble à un long ruban blanc enveloppant de ses replis la surface sombre et rocailleuse de la montagne.

Plus bas, à Gori, on rencontre le Kur, ancien Cyrus, qui passe à Tiflis. Cette descente est monotone, peu d'échappées permettant un coup d'œil dans les vallons voisins. Pas un lac, pas une chute d'eau : de rares hameaux éloignés les uns des tuser. Les vieilles églises géorgiennes, les monastères,

les tours féodales, les ruines qu'on rencontre çà et
là, ne sont pas suffisantes pour chasser le sentiment de solitude qui s'empare du voyageur sur
tout ce parcours.

CHAPITRE X

**Le Caucase. — Tiflis et Kutaïs —
Géorgie et Mingrélie.**

La grande chaîne du Caucase que nous venons
de traverser coupe obliquement le gros isthme qui
relie de ce côté l'Europe à l'Asie. S'étendant sur
1,200 kilomètres en longueur, ses sommets attei-
gnent 3,000 mètres en hauteur, et l'un d'eux, même,
celui de l'Elbruz, atteint 5,170 mètres. Chez les anciens Grecs, la structure gigantesque de ces puis-
santes montagnes frappait l'imagination; ils les
regardaient comme les plus hautes du monde. La
chaîne se subdivise en trois groupes, dont le principal est celui du milieu; au centre de l'isthme,
les trois groupes, parfaitement distincts, sont reliés
par des ramifications transversales, mais vers les
deux extrémités, ils se confondent de manière à ne
former qu'une seule chaîne.

Le Kur coule dans la région du Sud parallèlement à la ligne des montagnes et dans une plaine qui sépare la grande chaîne d'un second groupe appelé le Petit-Caucase, dans la partie méridionale duquel s'élève le mont Ararat, ce massif fameux sur lequel s'arrêta l'arche de Noé, et dont les deux sommets, toujours blancs de neige, l'emportent d'une centaine de mètres en hauteur sur ceux du Kasbeck.

La grande chaîne du Caucase partage l'isthme en deux parties distinctes sous tous les rapports : au nord, on est en Europe ; au sud, en Asie.

Au nord, les anciens territoires du Daghestan et de la Circassie ; au sud, les royaumes de Géorgie et d'Arménie. A différentes époques, la Russie y ajouta les districts arméniens d'Erivan, d'Elizabethpol et d'Alexandropol, et plus récemment Kars et Batoum.

Au nord, dans le triangle du Daghestan, des peuples à demi-sauvages, sectateurs zélés de l'islamisme, qui n'ont pas encore accepté le joug que les Russes leur ont imposé, après un demi-siècle de luttes sanglantes et implacables ; ce sont les restes de ces tribus de Sounites fervents que rallièrent les deux chefs de l'insurrection, que nous avons cités plus haut ; ce sont les Kistes, les Tchet-

chênes, et enfin, dans le sud-est, les intrépides
Lesghiens.

On connaît la beauté physique et l'énergie morale,
les qualités brillantes de ces peuplades guerrières.
Elles habitent des villages ou des tours, jadis forti-
fiées, dans lesquelles elles se retranchaient. C'est là
que se concentra une lutte héroïque de plus de
soixante-dix ans, poursuivie contre les Russes avec
la plus grande opiniâtreté, et qui se prolongea jusqu'en 1864. Déjà le grand exode des tribus réduites
par les armes avait commencé, et beaucoup de leurs
membres périrent de misère dans l'émigration ou
après leur arrivée sur le territoire ottoman.

Sur le versant méridional du Caucase, s'étendent
la Géorgie et l'Arménie qui, dès la plus haute anti-
quité, s'étaient partagé le territoire.

La Géorgie, soumise d'abord à Alexandre le
Grand, puis indépendante, fut gouvernée succes-
sivement par les Arsacides, les Sassanides de Perse
et les Bagratides ; du XIe au XIIIe siècle, s'écoule
pour le pays une période brillante, pendant laquelle
le nom de la reine Tamar reste entouré d'éclat. Mais
à partir de 1431, le royaume n'est plus qu'un jouet
entre la Perse et la Porte ; les invasions auxquelles
la Géorgie ne pouvait résister, les dissensions in-

testines qui l'affaiblissaient, conduisirent ce pays à se mettre entre les mains des Russes qui y établirent une espèce de protectorat, lequel devint une souveraineté complète par l'abdication du dernier prince géorgien.

Cet événement prit place, vers les premières années de ce siècle, sous le règne d'Alexandre Ier. Ce czar, qui avait de la noblesse dans le caractère, voulut gratifier ses nouveaux sujets du self-government, comme il l'avait fait pour la Finlande. Au nombre des conditions qui furent stipulées, il y avait cette clause que tout le revenu du royaume serait dépensé au profit du pays. Aussi la Géorgie est le pays qui supporte le moins d'impôts. C'est tout au plus si les habitants paient cinq francs par tête, ce qui semble bien peu de chose en échange de la sécurité.

Cela cependant n'empêche pas le mécontentement des Géorgiens. Ils trouvent que le revenu provenant d'une aussi faible imposition est insuffisant pour entreprendre les travaux qui développeraient la prospérité nationale; ils se plaignent, en outre, que tout le produit est absorbé par les dépenses nécessitées pour l'entretien des établissements militaires du gouvernement impérial. Il y a aussi chez tous ces hommes une part de ce sentiment qui s'est réveillé si vivement en Europe, et qui agit d'autant plus fortement que les tentatives de la Russie pour absorber tous ses sujets tendent à éteindre en eux l'instinct national qui n'est peut-être qu'endormi.

Ce sont surtout les Arméniens, d'une nature supérieure, plus vifs et plus actifs, qui ressentent plus profondément ces tentatives. Trop faibles néanmoins et trop disséminés pour prétendre à une constitution indépendante, ils sont fiers et jaloux de leur nom et de leur individualité. Ils consentent à être les sujets de la Russie ; ils ne se plaignent pas, à vrai dire, du gouvernement dans lequel, on l'a vu, les hautes fonctions leur sont parfois réservées. La tyrannie de l'Église russe leur tient plus au cœur : elle met souvent des obstacles dans les relations domestiques et sociales. Ainsi, pour épouser une Russe, un Arménien devra s'engager à élever ses enfants selon la religion orthodoxe, qui est la religion russe. L'exarque, nommé par le czar, est toujours choisi parmi les membres du Saint-Synode, de sorte que l'Église est tout entière dans la dépendance de ce pouvoir absolu.

Tiflis, qui doit ce nom à l'abondance de ses sources thermales sulfureuses, ou peut être à ses fortes cha-

leurs en été, est la capitale de la lieutenance du
Caucase. Elle se trouve à cheval sur le Kur, au fond
d'un vaste entonnoir entouré de montagnes de tous
côtés. Elle s'étend en amphithéâtre sur chaque bord
du fleuve, et forme ainsi deux villes bien distinctes
ayant leur cachet spécial, l'une de barbarie, l'autre
de civilisation. Dans la ville neuve, bâtie au nord-
ouest, dans le style moderne, sont les rues larges,
bordées de grands trottoirs de granit, les belles résidences, les équipages magnifiques, les cercles et
les théâtres. On pourrait lui reprocher le manque
d'eau potable, l'insuffisance de l'éclairage et des
égouts.

Au midi, de l'autre côté du fleuve, s'étagent les
quartiers bourbeux de la ville orientale. Sur l'une
des collines, la plus haute, se voient encore des
ruines qui attestent l'importance qu'avait jadis cette
ancienne place forte. Les rues sont étroites et rapides, tortueuses et malpropres. C'est ici qu'habitent
les Perses et les Tartares, coiffés de leurs fameux
bonnets de fourrures, leurs caftans de calicot en
guenilles. On les distingue à leur mine renfrognée
et à leurs barbes sales; ils encombrent les boutiques,
les bazars et les bains. Les deux portions de cette
même ville sont inconnues l'une à l'autre, et on

peut dire qu'il n'existe entre elles aucune relation. On peut passer des semaines entières dans son hôtel, aux environs du grand pont, sans se douter de l'existence des quartiers orientaux. On se croirait facilement en France ou en Italie, n'était de temps à autre le passage des caravanes de dromadaires et de buffles qui rappellent le Levant. Mais aussi, pour visiter les magnifiques églises géorgiennes du Vᵉ et du VIᵉ siècles, c'est dans les quartiers les plus impurs des païens qu'il faut s'aventurer.

Il n'y a pas de ville, en Europe, qui présente réunis en un même lieu les spécimens d'un aussi grand nombre de races. Les 104,000 habitants appartiennent à vingt races différentes; les Arméniens et les Russes dominent; viennent ensuite les Géorgiens, d'origine variée, puis des Tatares, des Perses, des Turcs, des Juifs, même des Assyriens et des Chaldéens, sans compter les races indigènes des montagnes. En outre, presque toutes les familles européennes y ont des représentants : les Polonais et les Allemands en grande majorité, les Français et les Italiens suivent, et enfin quelques Anglais.

Tous ces éléments hétérogènes, groupés ainsi, pour ainsi dire, au hasard, vivent en paix réciproque : la Croix et le Croissant ont des intérêts communs de commerce et d'industrie, cause importante de bonne entente.

Tiflis est reliée à la mer Noire par un chemin de fer qui aboutit à Poti, après avoir traversé le contrefort qui relie les chaînes des deux Caucases. Sur le versant occidental, on trouve les sources du Faz ou Rion, l'ancien Phasis. Dabord, la vallée est encaissée dans les montagnes, mais à mesure qu'on avance, elle s'élargit et se développe dans une région magnifique. Le sol est fertile et bien cultivé : de chaque côté, des collines bien boisées, et de temps en temps une échappée sur les neiges qui coiffent les sommets des hautes montagnes.

C'est le pays des Kakhétiens, des Iméritiens et des Mingréliens, formant des districts de Géorgie, lesquels sont renommés pour la générosité du sol comme pour la beauté des femmes.

Au Rion, on quitte la voie principale qui va sur Poti, et un embranchement très court mène à Kutaïs, capitale de l'Iméritie et résidence de l'un des nombreux princes géorgiens.

On sait que beaucoup de ces princes exerçaient sur ces districts une domination plus ou moins indépendante, avant d'être dépouillés de leurs droits féodaux par le gouvernement russe.

Depuis, réduits à l'état précaire qui suivit l'abolition de leurs majorats et la division forcée de leurs propriétés, quelques-uns obtiennent parfois de la cour impériale des emplois dans les services publics; mais d'autres sont tombés si bas dans l'échelle sociale, qu'on prétend qu'il s'en trouve parmi les cochers de Saint-Pétersbourg.

L'un d'eux, le prince Dadian de Mingrélie, a tenu bon contre l'adversité, grâce au czar Alexandre II qui rétablit, en sa faveur, le majorat. Sa sœur, la princesse Solonie, a épousé le prince Achille Murat, et lui a apporté en douaire un magnifique domaine aux environs de Kutaïs.

Des juifs résident dans cette agréable petite ville en assez grand nombre, car ils y ont trois synagogues. Ils font le métier de prêter de l'argent aussi bien à la noblesse déchue qu'aux paysans émancipés de cette terre fertile qui tombe ainsi, rapidement, aux mains des usuriers. S'ils ne jouissent pas d'une estime et d'une bienveillance particulières de la part des autres habitants, il faut reconnaître qu'ils ne sont pas ici l'objet de cette haine violente et jalouse qui est une honte pour la civilisation dans certains autres pays, et dans d'autres parties de l'Empire.

On a comparé le Caucase à l'Italie sous le rapport du sol et du climat. La température, en effet, y est très variée, et presque toutes les cultures du nord et du midi pourraient y être entreprises avec avantage. Les côteaux des montagnes sont admirablement exposés pour la vigne, le mûrier et tous les arbres à fruits ; les plaines pourraient recevoir toutes les céréales, le maïs et le riz en particulier, et d'immenses espaces resteraient encore disponibles pour la culture des plantes fourragères.

Malheureusement, il arrive fréquemment que lorsque la nature se montre prodigue, l'homme est d'autant plus enclin à ne pas tirer parti de ses dons gratuits. C'est ce qui se vérifie sur toute la région caucasienne. Ainsi, plus que l'Italie, tout ce pays est exposé aux alternatives de sécheresse et d'inondations ; il faudrait alors s'empresser d'accaparer les eaux trop abondantes au printemps et à l'automne qui seraient si nécessaires pendant la saison d'été. Or, l'ancien système d'irrigation n'existe plus, et il n'est remplacé jusqu'à présent que par un très petit nombre de canaux absolument insuffisants. — Dans beaucoup de districts, les montagnes ont été dépouillées de leur parure boisée, et les plaines sont devenues des marais insalubres. Il n'y a pas de bien nombreuses années que les montagnes qui entourent Tiflis étaient encore couvertes de bois épais. « Cette coutume de dénuder les montagnes entre lesquelles coule le Kur, » nous apprend un document consulaire, « a produit en certains endroits un dessèchement complet, et partout une diminution considérable dans le volume d'eau. On peut s'attendre avant longtemps à de véritables famines, si l'on ne s'empresse d'y apporter un prompt remède. »

C'est, au surplus, l'éternelle histoire de la plupart des régions du Midi, et cette question du reboisement s'impose avec force, aujourd'hui, dans tous les vieux pays.

Dans ce pays si fertile qui devrait produire si abondamment, la vie est cependant très chère. A Tiflis, les prix ont triplé depuis dix ans : on se procure difficilement les légumes autres que les choux et les pommes de terre ; les fruits abondants dans les villages y sont mauvais et plus chers qu'à Paris. Cette situation anormale vient de ce que les moyens de communication sont absolument défectueux. L'agriculteur n'a pas intérêt à multiplier les produits du sol au delà de ce qui suffit aux besoins immédiats, puisqu'il n'a pas de routes pour amener le surplus sur les marchés ; par la même raison, les villes ne sont pas suffisamment approvisionnées, les denrées de bonne qualité ne pouvant être mises dans de bonnes conditions à la portée des consommateurs.

On ne peut passer sous silence les autres sources de richesses de la région caucasienne, qui restent encore inexploitées grâce à leur position peu accessible dans l'état actuel des voies de communications : mines de charbon, de sel, de cuivre, de plomb argentifère. Chose inouïe ! ce pays qui possède des gisements considérables d'huiles minérales importait encore récemment le pétrole d'Amérique, parce qu'il vient à meilleur marché et mieux raffiné des États-Unis que de Baku, qui n'est située qu'à 400 kilomètres de Tiflis.

L'ouverture de la ligne de Tiflis à Baku qui complétera la grande artère du Caucase doit donc être attendue avec impatience. Elle est assurée d'un trafic considérable par le transport des huiles de naphte qui sont peut être destinées à jouer un grand rôle dans l'industrie : l'utilisation que les-

compagnies à vapeur du Volga et de la Caspienne
en ont faite permet de croire que ce produit pourra
remplacer un jour la houille dans les pays où celle-ci
est à un prix très élevé.

CHAPITRE XI

Sébastopol et Odessa.

La côte de la mer Noire, de Batoum au détroit de Kertch, présente des sites alpestres de toute beauté : les collines sont parées d'une verdure abondante et vont en déclinant dans le nord-ouest en pentes douces et ininterrompues ; elles finissent par se perdre dans les bancs de sable qui entourent la presqu'île de Taman, en face de Kertch, pays béni, qui, comme les autres régions du Caucase, pourrait produire tous les fruits du sol, et en particulier le raisin, avec abondance. On doit signaler, à ce propos, le vin de Kahétia, supérieur, à tous égards, à celui de Tiflis et de Kutaïs.

A Kertch, on escalade la colline connue sous le nom de *Fauteuil de Mithridate.* Un escalier tournant

en tout point aisé étant y conduit. De là, on aperçoit
la ville, immensément étalée, et les reconstructions de
Yeni-Kaleh qui ont absorbé des sommes immenses,
que le gouvernement aurait peut-être pu employer
d'une manière plus profitable.

Kertch est l'ancienne [illegible] des [illegible] du
moyen âge. Brûlée par la flotte des alliés en 1855,
elle a été reconstruite plus belle qu'auparavant et
est aujourd'hui prospère. Les [illegible] y sont en grande
proportion et [illegible] le monopole [illegible] commerce des
antiquités.

Les environs de Kertch sont [illegible] : c'est
le terrain de la steppe [illegible] les [illegible]. [illegible] à dos
[illegible] se passe qui conduira le [illegible] jusque dans la
mer d'Azoff. L'atmosphère humide et froide des
steppes règne dans ces parages, et ce n'est que
lorsque la côte de Crimée abrite de son vent qu'on
retrouve la douceur et la température de l'air sur
la côte caucasienne.

Aussi, quelle délicieuse ville que Yalta, dont les
Russes ont fait une des plus charmantes stations qui
se puisse trouver. À l'abri du [illegible] et [illegible] en outre
de tous côtés par les collines, particulièrement abritée
des vents du nord, elle [illegible] [illegible] un air [illegible] de
repos au bord de la mer. C'est le rendez-vous des

gant de la société russe, encore peu connu des étrangers.

On a le choix entre deux routes pour se rendre à Sébastopol. L'une passe par Simféropol; l'autre, passant par Baïdar-Porte, aboutit à Balaklava et aux autres lieux bien connus qui entourent les ruines de ce qui était autrefois le grand établissement naval de la Russie sur la mer Noire. Cette dernière route est la plus agréable.

A mi-hauteur, entre la crête de la colline et le rivage, la route serpente le long du côteau, comme l'ancienne route de la Corniche sur la côte ligurienne : à droite, les montagnes à pic ressemblent à une muraille blanche qui aurait 1,500 ou 2,000 pieds de hauteur, et qui serait découpée suivant les formes les plus fantastiques, flanquée de tours et de pyramides, nue et rocailleuse, de laquelle se détachent en maints endroits de gros blocs, qui déroulent sur la route, la traversent et vont se perdre dans la mer. On dirait les projectiles d'un champ de bataille des titans et des dieux. A gauche, on a la mer qui ronge la côte en y creusant des petits vallons et des criques; d'un côté le rempart sombre et menaçant, de l'autre la plaine limpide et scintillante sous les rayons du soleil.

Au-dessous de la route, sur le rivage, on aperçoit au loin dans les bois les villas maritimes, la plupart véritables paradis que des Russes opulents fondèrent après l'annexion de la Crimée, pour y trouver un refuge contre leur climat rigoureux; plus récemment, les résidences Impériales : Livadia, site chéri du dernier empereur; Orianda, aujourd'hui simple débris, jadis demeure du grand-duc Constantin; Alupka, qui appartient au prince Woronzoff, le fils du bon génie de ces parages, auquel on doit la route que nous décrivons, le même qui fonda Yalta, et Odessa pour la seconde fois.

Cette côte, que les Russes appellent « le Midi », est pleine de sites enchanteurs. Comme pour en rehausser les charmes, par un violent contraste, la scène change subitement quand on a passé la Porte de Baïdar. Après la vallée, l'air, de pur et embaumé qu'il était, devient humide et froid; les montagnes sont dénudées, sauvages et communes. La route descend longtemps dans un terrain de cendre grise, soulevée par un vent glacé; un ciel triste et bas domine ce paysage dans lequel pas une fleur, pas un buisson, pas une chaumière ne viennent interrompre la désolation. C'est cependant la même col-

line, mais vue sur les deux flancs : l'un est un jardin, l'autre est une steppe.

Quand on n'est plus abrité par les rocs, quand on
est loin des versants du sud des chaînes caucasiennes, on se retrouve en Russie. Dans ce pays, il n'y a
d'autres montagnes que celles de l'Oural, qui n'attei-
gnent en aucun point les hauteurs des Apennins, et
qui ne forment pas, à vrai dire, une chaîne continue dans leur long parcours du nord au sud de la
Russie. Aussi le vent du pôle, qui a passé sur l'océan
glacé, sur les neiges des déserts du nord, ne trouve
sur son passage aucun obstacle pour arrêter son
souffle cruel ; les points de la mer Noire qui y sont
exposés ont un climat presque aussi rigoureux que
celui des bords de la mer Blanche. A Odessa, dans les
premiers jours d'octobre, dans l'hôtel, comme dans
les maisons particulières, on installe de bonne heure
les doubles portes, les doubles fenêtres, et l'on commence à s'enfermer soigneusement dans les appartements, comme si l'on était à Saint-Pétersbourg.

A l'est du cap Chersonèse, on aperçoit un fort
qui commande une rade.... et des ruines ! C'est
Sébastopol.

Depuis 1785, les Russes en avaient fait un des
ports les plus sûrs et les mieux fortifiés de l'Europe ;

on sait comment, le 8 septembre 1855, la ville fut
obligée de se rendre. Elle conserve encore maintenant cet air de Pompéi qu'elle avait le lendemain de
sa soumission aux alliés; des rues entières sont encore en ruines, des murailles sans toits ont l'air de
vous regarder par leurs grandes baies démantelées.

Cependant, la ville se relève petit à petit; le gouvernement impérial, modifiant l'ancien système de
fortifications de cette place toujours formidable, n'a
pas restauré le port de guerre; il s'est appliqué à
lui donner une destination commerciale, par la construction de quais superbes, de vastes magasins et
du chemin de fer qui en fait le port de Simféropol.

La tour de Malakoff et le Redan, où furent livrés
tant d'assauts, ont été changés en promenades. On
est frappé du désavantage que cette position de Malakoff offrait aux assiégés : du côté de la ville, un
escarpement raide faisant suite à un espace ouvert
sur lequel venaient se concentrer les feux des assié-
-geants ; de l'autre côté, l'attaque se trouvait presque au niveau de la défense. On sait quelle fut la
résistance héroïque des Russes, sous les ordres de
l'illustre Totleben. La véritable boucherie qui eut
lieu dans l'intérieur du mamelon mit un terme à la
lutte : on recueillit des monceaux de morts, et Russes

et Français furent enterrés dans une fosse commune. Une croix de bois noir en a marqué l'emplacement avec ces vers, dont la naïveté fait le charme :

> Unis pour la victoire,
> Réunis par la mort,
> Du soldat c'est la gloire,
> Du brave c'est le sort.

Qu'eût dit le parrain de Malakoff, s'il eût pu connaître l'origine du nom qu'il a donné à la tour ? Un ex-matelot ivrogne, qui le portait, y avait établi un cabaret où il prêchait d'exemple aux consommateurs. L'établissement prit le nom du propriétaire, le mamelon le nom du cabaret, un duc le nom du mamelon (1) !

Quinze à dix-sept heures suffisent pour la traversée de Sébastopol à Odessa. Comme Sébastopol, comme Kertch, comme Astrakhan et les autres localités voisines des steppes, Odessa paraît être, par certains vents, visitée par des brouillards qui durent depuis le lever du soleil jusqu'à son coucher. La nuit, par ce temps brumeux, est généralement plus chaude que le jour.

(1) *Lettres sur la Russie*, par de Molinari. — Paris, 1877.

La population d'Odessa n'est pas éloignée d'atteindre le chiffre de 200,000 ; sous tous les rapports, cette ville est la troisième cité de l'Empire. Sa position est magnifique ; elle s'élève sur le bord d'un ravin, ce qui lui permet de dominer son grand port, récemment amélioré, la côte et la mer. Ce qui frappe à première vue, c'est le boulevard de la Marine, terrasse de 500 mètres de longueur, plantée d'arbres, et un escalier colossal de 150 marches, qui descend de la statue du duc de Richelieu au bord de la mer. On sait que ce personnage fut gouverneur de la ville en 1803, et qu'il a fortement contribué à la faire prospérer.

Odessa n'est pas une ancienne ville, mais elle a une apparence encore plus jeune ; depuis quelque temps, on y a considérablement bâti, et la nature crayeuse de la pierre nécessite continuellement les travaux du maçon et du badigeonneur. La monotonie n'y empêche pas l'animation ; ses longues rues larges sont remplies de mouvement, et les voitures de place croisent incessamment les camions chargés de marchandises et les wagons des tramways. On y voit bon nombre de riches demeures appartenant à des particuliers et peu d'édifices publics.

Bien que située sur le territoire russe, Odessa

DANSES POPULAIRES.

21

n'est pas, à proprement parler, une ville russe.
Cela tient aux éléments divers et très nombreux qui
composent sa population : ce sont des Juifs, des Grecs
en grand nombre, des Allemands et des Italiens. En
outre, physiquement, elle n'a pas le cachet des autres
villes de la Russie ; aussi, toutes les rues du quar-
tier central sont larges et bien pavées, non, depuis
longtemps, il est vrai ; garnies de trottoirs et bordées d'arbres, ce sont des espèces d'avenues dont
les maisons, à toits plats et à façades italiennes, sont
généralement somptueuses : de plus elle possède de
l'eau potable.

Ce n'est pas avec satisfaction que le gouvernement constate cette tendance à l'originalité qui tient,
quoi qu'on fasse, à la nature des choses ; il réagit
de son mieux en employant des moyens peu dignes
de sa puissance : ainsi, il remplace les noms des
rues, primitivement en langues italienne et russe,
par des noms exclusivement russes et gravés en caractères russes, de telle sorte que les étrangers de
passage n'ont aucun moyen de s'y reconnaître. Ces
noms, qui rappelaient les anciens fondateurs, sont
remplacés par ceux des personnages russes qu'on
veut honorer: ainsi la rue des Italiens s'appelle la rue
Lushkin....

Au surplus, c'est là une manie que nous avons pu constater dans d'autres pays et que nous n'y approuvons pas davantage. Quand donc les hommes au pouvoir, à quelque parti qu'ils appartiennent, auront-ils assez de largeur d'esprit pour comprendre qu'il n'est pas en leur pouvoir de supprimer à coup de décrets les vestiges et les traces du passé !

Mais voici qui est plus grave : récemment encore, trois journaux français paraissaient à Odessa ; aujourd'hui, ils n'existent plus. C'est ainsi qu'on décourage, qu'on moleste et qu'on réduit au néant les entreprises qui ne sont pas russes ; néanmoins, ici plus que dans les autres cités, on parle le français.

Il y a un demi-siècle, suivant les statistiques publiées par le «Journal d'Odessa», cette cité ne tenait que le troisième rang parmi les places commerciales de la Russie. A leur tête était Saint-Pétersbourg, dont le port était visité par 1,500 à 2,000 navires étrangers ; venait ensuite Riga, avec 1,000 ou 1,500 navires ; puis Odessa, qui ne recevait dans son port que six à huit cents navires.

Depuis lors, la face des choses a considérablement changé. Saint-Pétersbourg, dont le mouvement commercial était, à lui seul, le double de ceux des autres ports réunis, va en déclinant.

SÉBASTOPOL ET ODESSA

Sébastopol est de beaucoup le port le meilleur de la mer Noire; il a ce privilège, à peu près unique, de ne jamais glacer, tandis que la glace arrête le commerce pendant deux ou trois semaines, chaque hiver. Tous les ports de la mer d'Azov et les embouchures des fleuves glacent depuis le mois de novembre jusqu'au mars, et même jusqu'à la mi-avril. De plus, Sébastopol est relié directement par une ligne de chemin de fer avec Moscou, centre de la Terre-Noire, et avec Kharkov, centre des affaires industrielles et commerciales de la Russie.

A Sébastopol on se flatte de l'espoir qu'un jour le gouvernement impérial concevra la nécessité de transporter là sa [illegible]. C'est [illegible] mais [illegible]. A Sébastopol [illegible] ne s'opposera [illegible] pendant [illegible] venir un dort [illegible], que [illegible] cependant [illegible], la [illegible] de guerre.

Les citoyens d'Odessa [illegible] nourrissent des espérances qui [illegible] tout autre ordre [illegible] grandeur. Ils [illegible] la représentent [illegible] porter ses limites [illegible].

et partant de là, ils disent qu'un port de commerce
juxtaposé à un port de guerre serait une chose
monstrueuse comme la réunion de Toulon et de Mar-
seille, de Plymouth et de Liverpool, par exemple.

Ils ajoutent que le chemin de fer de Sébastopol à
Moscou est mal construit et tombe en ruines, et que,
malgré la brièveté de la route, d'environ 100 milles
plus courte que celle d'Odessa à Moscou, les ex-
press sont tellement organisés, que les communications entre le Nord et le Sud se font plus rapidement entre Odessa et Saint-Pétersbourg, soit en
moins de trois jours.

Nous n'insisterons pas sur ces jalousies de ville
à ville, et ne pourrions prendre parti pour l'une ou
l'autre. Quoi qu'il arrive, Odessa a déjà montré, ce
nous semble, qu'elle avait su trouver dans la moitié du commerce de la Russie méridionale le moyen
de s'enrichir de plus en plus, et Sébastopol, de
son côté, pourrait évidemment tirer parti de l'autre
moitié.

Le commerce d'Odessa est entre les mains des
Juifs, la plupart Polonais, qui sont l'objet du mépris
et de la haine de tout ce qui est illettré en Russie.
Les nobles de la Pologne, qui étaient propriétaires
de grands domaines dans la Terre-Noire, vivaient

il n'y a pas encore longtemps, pendant une partie
de l'année, sur leurs propriétés. Aujourd'hui la situation de leurs enfants et de leurs intérêts [illegible]
Ils ont peu à peu disparu, et les Israélites opulents
ont acheté ces grandes étendues de terres ; qu'ils
font cultiver à leur compte, en sorte qu'ils sont
maîtres de l'exportation des produits dont ils ont
le monopole. Ils sont donc propriétaires et marchands, et réunissent dans leurs [mains] [illegible]
L'antagonisme excité contre eux anime les Russes,
des nobles comme des serfs, de peu [illegible] fonctionnaires du gouvernement [illegible]

agricoles, dans lesquelles le cultivateur en détresse peut trouver des conditions favorables.

Le grand élément de prospérité d'Odessa, nous l'avons dit, c'est l'exportation des céréales, des laines, des peaux, etc., plus particulièrement celle des blés qui y affluent de tous les gouvernements du voisinage. Or, le blé est une denrée indispensable ; mais il est arrivé aujourd'hui que tant de pays en produisent, on peut prévoir que tant d'autres encore en produiront dans l'avenir, que cet objet d'échanges perdra pour Odessa de son importance. C'est, à coup sûr, un point sombre dans l'horizon de cette grande place commerciale, et il appartient à ses négociants de s'y préparer.

CHAPITRE XII

**D'Odessa à Kief. — Les paysans et l'Agriculture
en Russie.**

Dans ce rapide voyage que nous venons de faire
en partant des frontières allemandes, parcourant la
Russie de l'ouest à l'est, et inversement dans la région méridionale, il y a un fait frappant qui mérite
d'être signalé : c'est le mélange des races et la
proportion relativement peu importante qu'y occupe
le Russe proprement dit (50 millions environ sur
une population de 95 millions).

Sur les bords de la Baltique, en Finlande, ce sont
les Scandinaves, sinon par le sang et la langue, du
moins par les antiques traditions encore si chères,
par les mœurs, par les espérances.

En Livonie, en Esthonie et en Courlande, les races
natives, qui n'ont rien de commun avec le *Russ*,

offrent les traces d'une civilisation allemande profondément enracinée et qui a porté ses fruits.

A Saint-Pétersbourg, c'est un amalgame de toutes
les nations européennes, et bien peu nombreux sont,
parmi les représentants du commerce, et à la cour
elle-même, ceux qui n'ont pas à l'origine quelque
chose d'étranger.

Sur le Volga, dans toutes les villes, Tartares, Kalmouks et autres peuples d'Asie occupent de grandes
surfaces.

Dans le Caucase, les Arméniens remplacent de
plus en plus les tribus sauvages et supplantent les
Géorgiens dont l'énergie et l'esprit industrieux sont
inférieurs.

En Crimée, à Odessa, nous venons de le voir,
tout ce pays, jadis occupé par les Tartares, l'est
aujourd'hui par les Allemands, les Bulgares, les
Grecs et autres immigrants. Odessa, d'abord grecque
et italienne, est maintenant et avant tout juive.

Les Russes ou Russiens, qui constituent néanmoins
la race dominante, offrent trois types caractérisés,
sans variétés bien appréciables : les grands Russiens,
les petits Russiens et les Belo-Russes ou Russes de
la Russie-Blanche.

La Grande-Russie ou Russie proprement dite

occupe tout le pays compris entre les murailles de
Smolensk et les environs de Viatka, et entre les bords
du lac Onéga et les établissements des « Cossacks
du Don » : c'est une superficie quinze ou seize fois
grande comme celle de la France, qui représente
l'empire d'Ivan le Terrible. Elle comprend les quatre
capitales de Novgorod-la-Grande, Vladimir, Pskow
et Moscou.

Au sud, dans la Russie méridionale, se trouve la
« Petite-Russie », l'ancienne Ukraine ou terres limi-
trophes, Kieff, Chernigoff, Poltava, Charkoff; au sud,
encore la « Nouvelle-Russie » comprenant la Bessa-
rabie, Kherson, Tauris ou Taurida, comme disent
les Russes, qui comprend la Crimée et le district
d'Ekaterinoslav. Cette nouvelle région, qui s'étend
de la Petite-Russie à la mer Noire, a été ajoutée par
le ministre Potemkin au royaume des czars. Ce
personnage décida Catherine II à visiter la nouvelle
conquête, et afin de donner à sa gracieuse souveraine
une idée favorable, sinon exacte du pays, il imagina
d'improviser, le long de la route, de faux villages. La
nuit venue, on transportait le village un peu plus
loin, et Catherine s'émerveillait de trouver le pays
si peuplé, les villages si charmants. Pour marquer
sa satisfaction elle fit cadeau à Potemkin d'un million

de dessiatines de terre, et à la région, d'une capitale qu'elle fit bâtir en souvenir de son passage, et qui est Ekaterinoslav. A l'ouest de la Petite-Russie s'étend la région de la Terre-Noire comprenant la Podolie, la Volhynie et une partie du district de Kief. Plus au nord, on rencontre les provinces de Minsk, Grodno, Vilna, Vitepsk, Neohilef, qui forment la « Russie-Blanche ».

Même en grande Russie, la race dominante est mélangée de 3,000,000 de Finnois dans le nord (en plus de ceux de la Finlande) et de 2,500,000 Tartares dans l'est ; les premiers se confondent de plus en plus avec les Slaves qui se sont insinués et répandus parmi eux, plutôt qu'ils ne les ont conquis. Les Tartares, en qualité de mahométans, résistent dans les temps modernes aux immixtions des Giaours ; mais leurs incursions dévastatrices ne se sont pas faites sans laisser parmi ceux-ci des traces profondes de leur passage ; et à leur suite la cour, l'armée, la noblesse d'Ivan le Terrible, qui les avait repoussés, étaient à moitié tartarisées : c'est alors que les rois et leurs boyards tenaient enfermées, dans des harems, leurs femmes et leurs filles. (Il reste des traces de ces harems dans certaines vieilles ailes dépareillées des anciens châteaux.) C'est

alors qu'ils enterraient à part les corps de cette
moitié de la race humaine, ayant probablement des
doutes très forts sur l'immortalité de l'âme de la
femme.

Il n'y a donc pas de pays, en Europe, qui présente
au même degré que la Russie une agglomération
aussi variée de races diffiérentes, réunies sous un
même sceptre. On pourrait en conclure, à première
vue, que cette situation curieuse, résultat des conquêtes passées, fût un danger pour l'Empire, ou
tout au moins une source de difficultés et d'obstacles à son développement : ce serait une erreur.
L'Empire russe possède, selon nous, tous les éléments suffisants de vitalité et de cohésion.

La race dominante, d'une part, y est forte et pré-
pondérante, et elle se compose, en général, d'êtres
dociles et faciles à gouverner ; d'un autre côté, les
peuples assujettis n'ont à aucun degré ce qui serait
nécessaire pour pouvoir aspirer à l'indépendance ;
un changement de domination n'apporterait probablement aucune amélioration sensible dans leur état
social, et, enfin, ils ont des intérêts communs assez
puissants pour qu'ils tiennent eux-mêmes à une
union de laquelle dépend leur existence.

Quand on examine les éléments qui constituent la

société russe et les proportions dans lesquelles chacun y entre, on est frappé d'un fait qui pourrait avoir, s'il persistait, une bien plus grande importance que la diversité des races sur l'avenir de la Russie : c'est le peu d'importance relative de ce que l'on appelle aujourd'hui la bourgeoisie, de ce tiers-état qui joue un rôle si proéminent et si fécond dans l'histoire de notre société française.

La Russie, en effet, est l'empire rural par excellence.

Il y a trois siècles, le servage n'était pas encore établi en Russie ; il y avait bien déjà des esclaves mais ils étaient peu nombreux et probablement issus des prisonniers de guerre. Les paysans proprement dits étaient libres de changer de résidence et de passer du service d'un maître à celui d'un autre, sous certaines conditions. Mais, comme nous l'avons déjà dit dans le cours de notre récit, les mœurs inconstantes et vagabondes du peuple portaient un grand préjudice aux intérêts des seigneurs, maîtres de la terre, et rendaient difficiles le paiement des impôts et le recrutement.

C'est alors que le czar Boris Godounoff prit une suite de mesures dont la plus décisive, l'ukase du 21 novembre 1601, supprimait le droit de libre congé, et attachait, d'une manière irrévocable, le laboureur au domaine qu'il cultivait à l'époque de la Saint-Georges, date qui se grava ainsi comme un jour néfaste dans le souvenir des populations rurales. Par la suite, le servage fut établi d'une manière plus ferme encore, par le droit de police absolu attribué au seigneur, si bien que le tenancier du sol ne devint rien de plus qu'une chose pour le propriétaire. Il est vrai que, de son côté, le seigneur avait certaines obligations à remplir envers le serf : il lui devait assistance, il ne devait point le laisser périr de faim ou de maladie, ce qui était, au surplus, son intérêt; il était défendu au maître de mutiler ou de mettre à mort le serf ou de le détacher de la terre en cas d'aliénation de celle-ci. Mais, malheureusement, tous ces correctifs n'empêchèrent point que le malheureux serf ne fût soumis, la plupart du temps, aux traitements les plus durs et les plus inhumains.

Le serf devait donc le travail au maître; plus tard, cette redevance en travail fut remplacée, dans certains cas, par une redevance en argent qui prit le nom d'*obrock*. Quand il fut reconnu qu'il était plus profitable au maître de laisser travailler le serf pour son compte, on abandonna à celui-ci le soin de chercher le meilleur emploi de son industrie, moyennant un congé d'absence plus ou moins limité pour lequel il payait l'obrock prélevée sur les revenus produits par son industrie. Cette substitution était facultative, et ne pouvait être avantageuse que dans le voisinage des grands centres.

On raconte des faits fort curieux à ce sujet. On cite, par exemple, un bon nombre de serfs à l'obrock devenus millionnaires ; un plus grand nombre encore s'enrichissaient pendant que leurs maîtres se ruinaient. La conduite des serfs, dans certains cas, a été souvent digne d'éloges ; dans ses *Lettres sur la Russie*, M. de Molinari cite l'histoire d'un tailleur serf à Saint-Pétersbourg qui entretenait son propriétaire tombé dans la misère, et, chose originale, la femme de l'artisan faisait cadeau de ses vieilles robes à sa maîtresse.

Le père de M. Schalouchine, banquier à Riga, était serf du comte Schérémétieff. Riche à millions, il offrit pour sa liberté 200,000 roubles (212,000 francs) : le comte refusa, mais il ne crut pas digne de lui d'augmenter la modique obrock de 25 roubles qu'il imposait à son serf. Ses offres redoublèrent, et chaque fois elles étaient non avenues. Une circonstance assez étrange fit obtenir à M. Schalouchine l'affranchissement que ses millions ne lui donnaient point. Un jour, le comte qui avait du monde à sa table grondait son maître d'hôtel de n'avoir point servi des huîtres. Celui-ci s'excusait en assurant que dans tout Saint-Pétersbourg il était impossible de s'en procurer.

Survint Schalouchine. A la vue du serf million-naire, le comte s'écrie : « Voilà Schalouchine qui vient pour sa libération. Eh bien, mon cher, tu as tort de m'offrir 200,000 roubles dont je n'ai que faire, mais trouve-moi des huîtres pour mon déjeu-ner d'aujourd'hui, et je te donne la liberté. »

Le serf s'incline, remercie le comte de la grâce qu'il vient de lui accorder, lui annonce que les huî-tres sont dans son antichambre. Sur le couvercle du tonnelet qui les contenait, le comte signe l'acte d'affranchissement, après quoi il dit : « Maintenant, monsieur Schalouchine, je vous prie de prendre place et de déjeuner avec nous. »

C'est ce même comte Schérémétieff qui, posses-seur de 120,000 âmes, offrait généreusement d'en faire le sacrifice.

Tous les propriétaires n'étaient pas aussi larges que le comte en question. L'obrock, le plus souvent, se calculait sur le rendement probable des facultés du serf ; plus celles-ci étaient productives, plus la re-

devance grossissait. Dans bien des cas, le propriétaire faisait l'avance des frais de l'éducation et même
de l'établissement du serf, et s'en remboursait lar-
gement, ensuite, en augmentant l'obrock. C'est ainsi
qu'à une certaine époque, le théâtre de Nijni-Novgorod n'était composé que de serfs appartenant à un
seigneur, de sorte que des pauvres hères, fils de
serfs attachés à la glèbe seigneuriale, remplissaient
les rôles de princes, de boyards, de héros et d'hé-
roïnes. Quel contraste!

La nécessité pour la Russie de se relever de l'é-
chec de Crimée, les révoltes locales contre l'oppres-
sion de certains nobles, les graves excès, meurtres
et incendies qui se renouvelaient continuellement, tout
démontra bientôt l'urgence de la gigantesque réforme qui fut décrétée le 29 décembre 18.., sous le
règne d'Alexandre II.

Sans entrer dans les détails de cette grande mesure, nous en ferons connaître les traits principaux.
Les anciens serfs sont organisés aujourd'hui par
groupes d'un certain nombre de familles, constituant
une commune rurale « le mir », dans le nom est en
commun, et distribué entre les membres de la
commune. Mais chacun reste attaché à son lot de
terre. Chacun est tenu de la cultiver, et chacun doit

contribuer pour sa quote-part à la rançon que la commune doit payer jusqu'à l'extinction de la dette de rachat, dont les quatre cinquièmes reviennent à l'État, et l'autre cinquième à l'ancien propriétaire; ces quatre cinquièmes représentent l'avance que l'État a faite aux paysans pour leur faciliter l'opération.

Ce tribut est aujourd'hui levé par la commune, au lieu de l'être par le propriétaire, comme au temps du servage, et la commune en verse le montant aux caisses de l'État. L'autorisation que le serf pouvait obtenir du seigneur d'aller faire valoir ses facultés dans les villes, il l'obtient aujourd'hui de la commune, et aux mêmes conditions, à savoir : qu'il reste toujours sous le coup d'un rappel, et qu'il est tenu d'indemniser la commune de la perte de travail qu'elle éprouve, par le paiement de l'obrock.

Jusqu'à présent, cette réforme n'a pas produit les résultats matériels qu'on peut en espérer dans l'avenir. En réalité, si le serf a immensément gagné au point de vue moral, il n'est pas beaucoup plus libre qu'il ne l'était auparavant. Il a changé de maître; si l'on ne peut dire qu'il soit le serf de la commune, il est certain qu'il lui est soumis; le village russe représente l'idéal d'une association autonome qui ne subit de contrôle qu'en tant que les intérêts de l'État l'exigent. Chacun de ses membres dépend d'une majorité toute puissante, et de la volonté de celle-ci dépend, par conséquent, chacun des membres du mir.

L'affluence des travailleurs de la campagne dans les villes a repris plus que jamais, et cela s'explique par la nécessité de payer l'annuité de la dette; dans les provinces dont le sol est fertile, la terre y suffit; mais il n'en est pas de même dans les districts plus pauvres, et pour augmenter le revenu du sol, les membres de la commune s'en vont au loin à la recherche des moyens d'existence et d'acquittement de la dette. C'est ainsi que l'émigration est considérable des provinces du Nord et de l'Est en particulier, émigration qui se porte en masse vers les mines de l'Oural et les usines du centre, ou vers les régions fertiles de la Terre-Noire, dans lesquelles le manque de bras se fait parfois sentir.

Les villages, ceux de la Grande-Russie en particulier, présentent un aspect généralement triste. Ce sont des groupes de cabanes serrées les unes contre les autres, construites en bois de sapin, recouvertes de chaume, entourées de tas de foin et de paille. Aussi l'incendie y est-il un événement si fréquent, qu'on dit qu'il est la fin naturelle de toute demeure de paysan.

Souvent, ces pauvres cabanes n'ont même pas de cheminée ; l'air ne peut s'y introduire que par la porte, si bien que, pendant l'hiver, l'atmosphère intérieure y est immonde ; des insectes s'y développent, prennent possession du local avec tant de sans-gêne que les habitants sont souvent obligés d'en sortir pendant les plus froides journées d'hiver, attendant que les envahisseurs aient cédé la place.

L'émigration des campagnes dans les villes est un phénomène contemporain qui s'observe, à la vérité, ailleurs qu'en Russie. Ailleurs aussi il a des inconvénients et il ne laisse pas que d'inquiéter ou tout au moins de préoccuper l'esprit de ceux qui y réfléchissent. Mais on comprend qu'en Russie, pays dans lequel l'agriculture tient la première place, on comprend que le phénomène soit gros des conséquences les plus sérieuses pour l'avenir.

Pour le moment, l'agriculture en souffre incontestablement, comme elle souffre de plusieurs autres causes ; les Russes sont facilement portés à trouver qu'une vaste partie de leur territoire est stérile, et sans remède. Il est certain que les « tundras », ce mélange de sable et de glace de l'extrême nord qui reste gelé à une profondeur de plusieurs centimètres; les forêts dans le centre, les steppes et les marais du sud occupent une vaste étendue. Mais outre que certaines de ces parties pourraient peut-être s'amender, il existe actuellement sur le reste du territoire un sol assez étendu, parfois remarquablement fertile, comme celui de la Terre Noire, qui ne rend pas tout ce qu'il serait susceptible de donner. C'est donc pour le moment une question de perfectionnement avant tout, dont les résultats seront d'augmenter le bien-être, de développer la richesse nationale et, indirectement, d'augmenter la sécurité en créant des obstacles à la diffusion des idées subversives, et en dernier lieu il en résulterait un accroissement progressif de la population encore peu dense sur ce vaste territoire. Mais il faut, pour cela, de la force, de la bonne volonté et des capitaux, et aussi des moyens de communication commodes, nombreux et à bon marché.

D'Odessa à Kief, on traverse la Petite-Russie, qui appartient presque en entier à cette région connue sous le nom de Terre Noire (*tchornoï-zemlé*). Quelle terre promise que cette zone privilégiée de la Russie! Le sol qu'on y déroule se rend

contre ailleurs que dans la « terre de labour », entre
Capoue et Caserta, dans les terrains d'alluvions les
plus profonds de la Lombardie, ou enfin dans les
couches artificielles de nos maraîchers. De là son
nom significatif de *terre noire*. Par malheur, ce sol si
favorisé est à peine cultivé, et il existe un antagonisme profond entre les propriétaires et leurs anciens serfs, antagonisme absolument préjudiciable
au développement de la richesse. Cet état de choses
date de l'émancipation de 1861. Par une disposition
particulière du décret, qu'il eût été facile, semble-
t-il, de modifier, les villages actuels des paysans
sont parfois enclavés au cœur des domaines sei-
gneuriaux.

De là des inconvénients naturels considérables
pour la culture et les communications, augmentés
encore, il faut le dire, par le manque de scrupules
du paysan, qui est porté à croire, comme d'autres
le font d'ailleurs, que le sol doit être à celui qui le
cultive.

Les événements de 1863 pèsent encore aujour-
d'hui sur ces provinces. Lors de l'insurrection de
Pologne, les nobles de ces districts furent soup-
çonnés de nourrir de fortes sympathies pour leurs
frères de Varsovie et du royaume. Coupables ou

non, ils payèrent pour les révoltés ; le gouvernement emprisonna, déporta et exila plusieurs d'entre
eux, confisqua leurs propriétés et finit par décréter
que les Polonais, catholiques ou juifs, ne pourraient
à l'avenir acquérir le sol de cette région.

Ces mesures eurent pour effet d'avilir le prix de
la terre ; celle-ci fut acquise par les Grands Russiens qui n'ont pas su en tirer parti, qui s'y sont
endettés, ont eu recours aux banquiers ordinaires,
les juifs d'Odessa et de Kief, qui, malgré le décret,
sont, virtuellement, propriétaires. Ainsi, les Polonais en premier lieu, les Russes ensuite, et avec
eux les paysans, sont à peu près ruinés, et le juif
tire parti, en connaisseur, des infortunes des classes
supérieures, comme des vices et de l'abrutissement
des classes inférieures.

Faut-il s'étonner que, dans de telles conditions,
la colère populaire se soit facilement allumée contre
les juifs et qu'elle ait donné naissance aux déplo-
rables excès dont ce pays a été le théâtre ?

Depuis lors, l'ordre a été rétabli dans une mesure,
suffisante du moins, pour que les juifs aient pu s'en-
hardir à reparaître et à reprendre leurs anciennes
occupations ; mais les causes subsistent toujours,
et pourraient bien produire encore les mêmes effets.

Le territoire de la Russie est loin d'être plat et
uniforme comme il paraît l'être sur une carte géographique. Si les montagnes de l'Oural et celles du
Caucase sont les seules qui méritent ce nom, il
existe çà et là des plateaux et des collines atteignant
la hauteur de quelques centaines de mètres. Dans les
provinces de l'Ouest et du Sud, en particulier, les
reliefs sont plus accentués ; le long de ces grands
cours d'eau, le Dniéper, le Bug, le Prypet, des
collines à pentes raides forment de profonds ravins
dans lesquels ils coulent, se frayant laborieusement
un passage au moyen de bonds et de rapides, et en
formant des cascades pittoresques, comme celles du
Dniéper, en aval d'Ekaterinoslav. La plupart des
villes bâties sur les bords de ces fleuves et rivières
ont une situation intéressante ou agréable ; cependant, il en est peu qui puissent rivaliser sous ce
rapport avec Kief.

Kief ! ce nom réveille de vieux souvenirs. Kief
est, en effet, le berceau de la puissance russe, au
temps des Varègues ; presque aussi ancienne que
Novgorod-la-Grande, elle a mieux conservé qu'elle
sa splendeur première. C'est là que le christianisme
jeta ses premières racines dans le pays, plusieurs

siècles avant qu'il fût question de Moscou. Aussi
la métropole du Sud a-t-elle conservé des privilèges
dans l'imagination religieuse du peuple : ses saints
sont vénérés dans toutes les églises de la Russie,
et ses autels sont envahis, toute l'année, par la foule
des pèlerins qui viennent de tous les coins de l'Empire.

Dès la fin du IXe siècle, cette ville célèbre avait
remplacé Novgorod comme capitale, et tout le pays
environnant fut appelé Russie.

Mais elle eut aussi ses infortunes; pendant de
longues années, elle resta entre les mains des Tartares dont elle était devenue la proie au XIIe siècle,
et ce n'est qu'en 1320 qu'elle fut délivrée par Gody-
mir, Grand-Duc de Lithuanie, et qu'elle devint capitale du Grand-Duché. Plus tard, en 1386, elle fut
réunie au royaume de Pologne, avec une grande por-
tion de cette région méridionale. Elle resta polonaise jusqu'en 1686, époque à laquelle la Pologne
et la Russie décidèrent en commun de mettre fin
aux longues guerres et de fixer leur frontière au
Dniéper; Kief, qui était sur la rive droite, fut cependant remise à la Russie, avec tous les districts
de la Petite-Russie. Mais la Podolie, la Volhynie et
la Terre-Noire restèrent à la Pologne, jusqu'au

second partage de ce royaume, en 1793, à la suite
duquel ce pays, objet de si longues querelles, resta
définitivement à la Russie.

Une si longue association avec la Pologne ne
pouvait pas manquer d'avoir une certaine influence
sur l'humeur des habitants des villes et de la campagne; et Kief, tête et cœur de toute la région,
peut être regardée à cette heure comme une ville
polonaise. Le peuple a, comparativement, peu de
chose de la malpropreté et de l'apathie de celui de
la Russie du Nord. Il en diffère, non seulement par
les manières, les instincts et le langage, mais aussi
par l'aspect individuel. Les Slaves de l'Ouest n'eurent
pas à supporter d'une manière aussi permanente le
flot tartare, et, par conséquent, n'en ont pas gardé
les marques profondes, comme leurs frères du Nord
et de l'Est.

On rencontre de jolies femmes dans les rues de
Kief; on y retrouve le type et les traits européens,
choses absolument inconnues à Saint-Pétersbourg
et à Moscou.

Actuellement, Kief occupe un espace d'environ
10 kilomètres d'étendue le long du fleuve : elle se
compose de quatre ou cinq quartiers, séparés par
des ravins et des vallons entre lesquels mugissent

des petits torrents qui sortent des gorges des
montagnes; le tout entremêlé de bosquets, de jardins et aussi de terrains encore vagues. Ce qui domine, parmi ses édifices, ce sont, comme toujours,
les couvents et les églises, au nombre de plus de
cinquante, remontant pour la plupart à la première
moitié du xie siècle. Au nord, dans le vieux Kief, la
cathédrale de Sainte-Sophie qui date de 1037,
en briques, avec une seule coupole; non loin de là,
Saint-André, bel édifice construit sur les plans d'un
architecte italien, et celui des Dîmes, superbe église
catholique.

Près des quais, s'étend en plaine la ville basse,
le Podol, dans lequel se concentre toute l'activité
commerciale de la place; on y distingue la Bourse
ou Maison des Contrats; car c'est sous ce nom
de contrats qu'on désigne la foire importante qui
se tient à Kief, de janvier à février.

Au sud enfin, sur la colline de la citadelle, s'é-
lève la fameuse *Lauré* ou Lavra, le plus célèbre et
le plus vénéré de tous les monastères de la Russie,
construit en 1055. C'est là qu'est renfermé un
trésor de la plus grande richesse, et au-dessous
de ses vastes bâtiments, s'étendent les fameuses
catacombes. Ces galeries souterraines contiennent,

TYPE DE MENDIANT RUSSE.

dans une centaine de sarcophages, les corps des saints, encore parfaitement conservés, et qui demeurent exposés à la dévotion des fidèles qui affluent chaque année, au nombre de 300,000. A quelque distance, s'élève le monument de Saint-Vladimir, et la massive colonne qui rappelle le baptême des premiers Russes sur les bords de la Portchaïna, en 988.

De l'une des élévations qui dominent la ville, on jouit d'une vue magnifique : le large Dniéper, traversé par deux grands ponts métalliques, et plus loin l'immense plaine de Tchernigoff qui s'étend à perte de vue, dans laquelle le fleuve serpente en roulant ses eaux, devenues calmes depuis qu'elles ont l'espace nécessaire pour s'y développer. Kief occupe une situation qui rappelle celle de Nijni sur le Volga, mais avec plus de pittoresque; elle est, en effet, entourée de collines verdoyantes et de vallons qui tranchent agréablement avec la sauvagerie monotone des marécages de la plaine qui se développe au loin.

CHAPITRE XIII

Coup d'œil sur la Société en Russie.

Rien n'est plus remarquable dans l'histoire moderne que le développement de la Russie. Le rapide progrès des Etats-Unis de l'Amérique du Nord n'est pas pour faire naître le même étonnement ; les hommes qui ont émigré de l'autre côté de l'Atlantique n'étaient pas des barbares ; ils quittaient le pays le plus industrieux de l'Europe ; ils emportaient le génie de la patrie pour les entreprises lointaines, et le vaste continent vers lequel ils se dirigeaient offrait toutes les variétés du climat et une fertilité de sol qui n'avait point de limites. En outre, ils n'avaient pas de voisins capables de gêner longtemps leurs établissements.

En Russie, il n'en a pas été de même. Nous avons parlé précédemment des premiers siècles de son histoire. Nous avons vu quelles ont été les luttes continuelles qu'elle a dû soutenir pour arriver à constituer son unité. En 1717, quand le czar Pierre le Grand fit une tentative pour s'allier à la France, tout était encore nouveau pour nous, jusqu'au nom de l'allié qui s'offrait et qui n'avait pas compté jusqu'alors dans la politique française.

Un demi-siècle plus tard, ce pays était au nombre des grandes puissances, et entrait désormais sur le pied d'égalité dans toutes les discussions et négociations avec les pouvoirs les plus fiers de l'Europe.

Nulle autre puissance n'a été conquérante sur une aussi grande échelle, et elle est la seule qui n'ait rien perdu de ses conquêtes dont elle poursuit aujourd'hui le cours en Asie; frayant ainsi les voies à la civilisation dans les contrées barbares de ce continent.

Nous avons essayé, dans les chapitres précédents, de faire connaître la Russie à un point de vue général et l'état de civilisation auquel elle est parvenue dans le même laps de temps; et s'il lui reste encore beaucoup à faire, il est incontestable cependant que le développement de ses forces intérieures a marché

d'un pas aussi rapide que celui de son expansion
au dehors.

Il nous paraît intéressant et, dans tous les cas, il
entre dans notre cadre de compléter ce rapide tableau par un bref exposé de la constitution politique
de cet empire. C'est à quoi nous consacrerons les
dernières pages de ce livre.

Nous l'avons dit déjà : l'œuvre de Pierre le Grand
fut tout artificielle ; après un premier voyage en
Europe où il était venu étudier de la tête et de la
main tous les arts, toutes les sciences nécessaires à
la force des empires, le czar était retourné sous son
rude climat, décidé à refondre et à fabriquer un
monde, et en quelques années il avait mis une Europe nouvelle là où il n'y avait qu'une Tartarie. Dans
cette œuvre d'organisation politique, tout fut donc
improvisé : les méthodes et les procédés européens
furent appliqués brutalement à l'ancienne administration moscovite, chose primitive et rudimentaire,
basée sur des traditions et des coutumes bien plus
que sur des lois précises.

Deux choses étaient au fond de cette organisation
le pouvoir absolu ou *autocratie*, et la centralisation.
Elles existent encore aujourd'hui, dans une énorme
mesure, malgré les réformes d'Alexandre II, et c'est

une opinion assez généralement reçue qu'il serait
temps de les réduire. Ce qu'il faut reconnaître, c'est
que la Russie doit son avènement et sa marche
rapide dans les voies modernes à ces deux forces
combinées. Longtemps pour elle, elles ont été une
condition d'existence ; longtemps exposée aux invasions de tous les peuples, la Moscovie ne pouvait
conserver son indépendance qu'en laissant toutes
ses forces ramassées dans une seule main ; plus
tard, les acquisitions, les annexions nombreuses qui
rattachaient au noyau central des pays plus ou moins
étrangers par l'origine, les mœurs et la langue, firent
de la centralisation une nécessité politique. Il en fut
de même pour le pouvoir absolu ; sans l'absence de
ce pouvoir, l'œuvre de Pierre le Grand eût été impossible, elle eût échoué contre les résistances locales ; aux yeux d'un gouvernement se donnant pour
mission de civiliser un peuple qui ne se sentait pas
attiré de lui-même dans cette voie, le maître ne pouvait tenir en trop forte tutelle cet enfant rude et sauvage qu'il voulait former.

Mais toute chose humaine, si elle a des avantages,
offre, par là même, des inconvénients. Le défaut en
Russie éclate aux yeux : l'excès de réglementation
auquel ce pays a été si longtemps soumis a porté

ses fruits; tout le monde s'y est plié, le peuple lui-
même, aussi bien que le gouvernement. L'habitude
en est prise de longue main, et ce ne sera pas
chose facile que d'y renoncer. Arrivé au point actuel de son développement, le pays est comme entra-
vé par une force invisible qui n'est autre que le
manque de spontanéité. Il manque du ressort moral
nécessaire à la vie des pays librés sur un aussi
vaste territoire qui va en s'étendant tous les jours;
une seule main, au surplus, ne peut pourvoir à tout.
D'autres, animées par un même esprit de patriotisme
et d'unité nationale, devront coopérer désormais dans
cette œuvre gigantesque, et c'est de toutes les mains
qu'il faudra se servir. Aussi faut-il les y préparer,
et c'est dans ce but surtout, à nos yeux, que se fait
sentir le besoin de relâcher progressivement la tutelle du pouvoir.

L'administration russe repose, encore aujour-
d'hui, sur les bases arrêtées il y a deux siècles par
Pierre le Grand; le tout présente une machine com-
plexe avec une infinité de rouages; au centre est
le moteur unique, le pouvoir du czar, et l'impulsion
qu'il donne est transmise par les rouages qui n'ont
pas d'autre mission.

C'est ainsi que trois grands corps fonctionnent

sous le bon plaisir de l'empereur : le Sénat, réduit à
des attributions presque exclusivement judiciaires ;
— le Conseil de l'Empire, véritable conseil d'État,
auquel est dévolu le pouvoir législatif, et qui examine les finances et les *comptes rendus* des ministres, mais tout en n'ayant que voix consultative ;
— et enfin le Saint-Synode, dont nous avons parlé
au chapitre IV. Les dix ministres actuellement en
exercice ne sont, à vrai dire, que des premiers commis, chargés des soins de l'administration et du cou-
rant des affaires.

Au-dessus de ces pouvoirs constitués, existe
l'administration centrale qui les domine tous et qui
est représentée par la chancellerie privée de l'empereur. C'est de là que partent les lois et ukases
rédigés par la deuxième section, les mesures de
sûreté et de haute police qui ont rendu célèbre dans
toute l'Europe la troisième section.

Jusqu'au règne d'Alexandre II, toutes les provinces
étaient gouvernées sur le même type ; chacune re-
présentait une Russie en petit. Depuis les réformes
de ce czar dont on ne peut trop admirer le zèle pour
son peuple et le bon vouloir qui l'ont sans cesse
animé dans son œuvre, le territoire russe a été
remanié et compte aujourd'hui une cinquantaine

de gouvernements. Ceux-ci, sauf pour l'étendue qui en est plus considérable, peuvent être assimilés à nos départements français ; comme eux, ils sont divisés en districts. A leur tête est un gouverneur, correspondant au préfet français, assisté d'une assemblée provinciale qui correspond à nos conseils généraux. Au bas de l'organisation administrative se trouve la commune ou « mir (1) » qui réalise au plus haut degré l'idée de l'association et de la mise en commun des terres. Puis, la réunion des villages d'une même circonscription constitue la *volost* (2), assimilable au canton et pourvue d'une assemblée. Au-dessus du canton est l'arrondissement avec son conseil ou « zemstvo », et enfin, au sommet, le gouvernement ou la province avec le zemstvo provincial, formé par les électeurs ou mandataires des trois classes : propriétaires fonciers, habitants des villes et des communes rurales.

Cette assemblée, la plus importante des institu-

(1) Ce mot « mir » signifie « monde » et aussi « ordre ou accord » ; de là son emploi pour désigner la commune elle-même, ou seulement l'assemblée. Pendant longtemps, le mir est resté, pour le paysan, le monde en petit, la véritable patrie.

(2) La « volost » n'est pas exactement le canton. Elle tient le milieu entre celui-ci et la commune.

tions représentatives de la Russie, n'est pas sans avoir porté des fruits, là où elle fonctionne. Ses attributions sont, jusqu'à présent, relativement restreintes, et, de plus, ses décisions n'échappent pas toujours au veto du gouverneur. C'est elle qui règle les services de la province : dépenses, service médical, instruction, routes et assistance publique. Le zemstvo veille à ce que les communes ne négligent pas d'approvisionner leurs greniers de réserves de grains. Ses débats sont publics, mais les comptes rendus des séances, avant d'être imprimés, ont à subir la revision de la censure, qui existe toujours en Russie.

Cet ensemble constitue donc un élément du système représentatif, appelé peut-être à devenir la base d'une organisation parlementaire pour tout l'Empire. Mais il faut auparavant qu'il soit appliqué dans toutes les provinces, ce qui n'a pas encore eu lieu, car, jusqu'à présent, il n'est guère en vigueur que dans les quatre cinquièmes de celles-ci.

Dans un pays aussi vaste et dont la capitale, au lieu d'être placée au centre géographique, se trouve sur la circonférence, on se figure difficilement qu'un pouvoir unique ait la prétention de pourvoir à tout, de porter partout à la fois les yeux, d'étendre partout la main. Comme nous l'avons fait remarquer plus haut, ce résultat n'est atteint, encore aujourd'hui, qu'au moyen d'une centralisation et d'une bureaucratie excessives, et d'une organisation de contrôle qui est devenue une police secrète avant d'être autre chose. — Nous avons dit aussi que cet excès d'administration était un véritable mal dont souffrait encore la Russie, malgré les récentes réformes. Dans les pays libres, il est de principe que tout ce qui n'est pas défendu par la loi est permis ; en Russie, c'est le contraire qui est vrai : tout ce qui n'est pas autorisé par la loi est défendu. De là, une masse de règlements, d'arrêtés de toutes sortes, à travers lesquels il serait impossible de se mouvoir, de se reconnaître, pas plus qu'il ne serait possible de les observer, même avec la meilleure volonté du monde, s'il n'y avait à cette réglementation un correctif.

Celui-ci se trouve, d'une part, dans la lenteur des procédés administratifs et surtout, de l'autre, il faut le dire, dans les facilités d'un certain ordre qui ne manquent jamais. L'administration n'ayant qu'une foi médiocre dans la nécessité des règlements qu'elle est chargée de faire observer, insuffisamment rétribuée d'ailleurs pour remplir sa pénible mission, se prête volontiers à de petits arrangements avec le public, si bien que celui-ci rachète, toutes les fois qu'il en sent le besoin, les libertés dont il est privé. Mais ce commerce d'un nouveau genre, justifié par les circonstances jusqu'à un certain point, n'est pas sans entraîner de graves inconvénients. Il arrive, en effet, que l'administration, intéressée à tirer le meilleur parti possible des libertés qu'elle est en mesure d'accorder, se montre d'autant plus coulante que le prix offert en échange est plus élevé ; il arrive aussi que quelques-uns peuvent jouir du superflu pendant que d'autres, les pauvres diables qui ne paient pas, jouissent à peine du nécessaire. Aussi les intérêts privés passent souvent bien au-dessus des intérêts publics.

Dans les « *Lettres sur la Russie* » que nous avons déjà citées, M. de Molinari indique un inconvénient encore plus sérieux et qui n'est pas sans originalité. L'administration ne vend pas toujours ses faveurs aux seuls honnêtes gens qui en useraient sans préjudice pour les autres ; mais elle traite également avec les malfaiteurs. Ainsi, la liberté du vol est au nombre des articles dont elle fait le trafic. — « On venait de voler une superbe pelisse de 1,500 roubles à un riche marchand de Pétersbourg. Un étranger qui l'accompagnait se met à crier : « au voleur ! »— « Taisez-vous, pour Dieu, taisez-vous ! lui dit aussitôt le volé, » croyez-vous donc que je m'en tirerais avec 1,500 roubles, si la police venait à être informée de l'affaire? » — La police n'aurait pas manqué, en effet, d'ouvrir une enquête, laquelle n'aurait abouti qu'à mettre à la charge du volé une note de frais égale à trois ou quatre fois la valeur de la pelisse.

Ainsi, le volé est encore le plus intéressé à ce que la police ne s'occupe point de son affaire, et s'il ne peut se rendre justice lui-même, il se gardera bien de se plaindre, car il sait bien que c'est lui qui paierait l'amende.

Le prince Dolgoroukoff raconte aussi une anecdote assez jolie : « Un étranger est renversé par une vache qui parcourait les rues en toute liberté. Le malheureux est emporté à l'hôpital, où il reste deux mois. A sa sortie, la police exige de lui le paiement des frais de nourriture, pendant ces deux mois, de la vache, laquelle avait été retenue pendant tout ce temps à la police, comme impliquée dans un délit de coups et de blessures (1). »

Ces exemples, à la vérité, sont anciens. La police,

(1) *La vérité sur la Russie*, par le prince E. Dolgoroukoff, cité dans les *Lettres sur la Russie.*

comme au reste l'administration, a amélioré ses
mœurs; dans les capitales surtout, là où elle agit
sous les regards de ses chefs, la police laisse peu à
désirer. Mais dans les petites villes, davantage encore dans les campagnes, elle est loin d'être à l'abri
de tout reproche!

Au-dessus de la police ordinaire, qui dépend du
ministère de l'intérieur, plane la police extraordi-
naire, qui ne relève que de l'empereur et qui forme
la troisième section de la chancellerie impériale. Elle
est, en réalité, la police secrète et, aujourd'hui
encore, la plus haute autorité de l'Empire. Dans chaque chef-lieu, dans chaque ville importante, est un
officier de gendarmerie ne tenant ses ordres que du
chef de la troisième section. Ces hommes, délégués
à la surveillance des autorités locales en même temps
que des autres habitants, ont un pouvoir illimité, ne
doivent rien ignorer, et, par l'entremise de leurs
agents secrets, tiennent la troisième section au cou-
rant des moindres détails. Ils portent l'uniforme bleu
clair, le plus redouté de tous, en Russie. On a raconté bien des anecdotes sur cette troisième section;
mais dans tous ces récits lugubres de déportations,
d'hommes et de femmes soudainement disparus, il
est assez difficile de faire la part de la légende et de

l'histoire. Dans l'esprit de son fondateur, l'empereur Nicolas, la haute police devait protéger, avant tout, le public contre les abus inévitables d'une armée de fonctionnaires, partout si difficile à recruter, et en Russie plus qu'ailleurs. Un jour, dit-on, que le chef des gendarmes demandait à l'empereur Nicolas ses instructions, ce prince pour toute réponse lui remit son mouchoir, voulant dire sans doute que la mission de la nouvelle police était d'essuyer les larmes. L'anecdote est jolie; elle est aussi une amère ironie. Comme toutes les institutions de ce genre, basées sur l'arbitraire, et dont l'application est confiée à des fonctionnaires sans responsabilité, sans contrôle, la troisième section en Russie, comme nos anciennes lettres de cachet, avant 1789, a fait couler plus de larmes et commis plus d'iniquités qu'elle n'a protégé de faibles et vengé d'opprimés (1).

Le caractère russe a longtemps porté l'empreinte, la porte encore aujourd'hui, de cette compression et de cette surveillance incessantes du pouvoir. La frivolité et la défiance, sinon l'hypocrisie, ce qui serait trop dire, est le résultat de cette crainte perpétuelle que l'on a, à tous moments, de se com-

(1) *L'empire des tzars et les Russes*, par M. A. Leroy-Beaulieu. (*Revue des Deux-Mondes*, 1877.)

promettre. Sous le règne d'Alexandre II, on put croire que le temps de cette institution était passé; ce n'était qu'une illusion : dès 1866, époque de l'attentat de l'étudiant Karakosof sur le czar, elle rentrait en scène, munie de pleins pouvoirs, et, depuis encore, les complots ténébreux du nihilisme ont, de nouveau, restreint le jeu normal des tribunaux récemment réformés, en donnant à la troisième section un rôle plus actif.

Quel a été, au point de vue politique, le résultat de ce système? Ce serait une erreur de croire qu'il ait produit des effets favorables à la sûreté du trône et à la sécurité du pays. Ce nihilisme, manifestation effrayante de l'esprit révolutionnaire, résultat terriblement exagéré d'un malaise général et d'une déception, excité encore par les espérances qu'ont fait naître les réformes libérales d'Alexandre II, ce nihilisme n'a cessé de déjouer les plans de la haute police et de dépister ses agents.

Les nihilistes ont tout osé ; ils ont attenté plusieurs fois à la vie d'Alexandre II ; ils ont enfin réussi à le faire mourir. Les meurtriers ont été saisis en flagrant délit ; la police a trouvé les traces de quelques complices : ils ont été jugés et punis. Et ensuite? Qui peut dire que la secte soit désarmée? A-t-on mis la

main sur les chefs ? La conspiration est-elle dissoute,
ou seulement découragée ?

Il est certain que la troisième section n'aura
jamais le don de venir à bout de ces révolutionnaires dont le nom indique lui-même que rien ne les
arrêtera (1). C'est le peuple russe, lui seul, qui peut
arrêter ces violences, le jour où, jouissant de la liberté qui semble lui avoir été promise et qu'il a
entrevue, il entreprendra d'en assurer l'exercice ;
quand tous les membres de cette grande nation
auront la conscience qu'à chaque citoyen est confiée
la charge de veiller au bien-être général, de concourir
aux destinées communes, alors les partis révolutionnaires seront bien forcés de courber la tête et de
rentrer dans leurs galeries souterraines.

Dans l'accomplissement de cette grande réforme
qui placera la Russie au nombre des grands États
parlementaires, il se trouve plus d'un écueil, plus
d'une difficulté à résoudre. La constitution même de
la société russe ne permet pas qu'on songe, pour
le moment, à appliquer à l'Empire un des régimes
libéraux en fonction actuellement parmi le plus grand
nombre des nations européennes.

(1) Tout récemment, la troisième section a été supprimée.

Nous l'avons déjà observé : ce qui frappe, en Russie, c'est l'absence presque complète de la bourgeoisie. La noblesse et la classe rurale s'y trouvent surtout en présence, et la dernière, à elle seule, représente plus de la moitié de la population totale de l'Empire. Son ignorance, partagée par la grande masse du peuple des villes, ne permet pas de songer à une constitution quelconque reposant sur le suffrage universel, comme en France par exemple.

Bien que le mir fonctionne sur un vote populaire, les résultats de la grande réforme d'Alexandre II, au point de vue politique, ne sont pas encore assez tangibles pour qu'il soit possible de baser sur eux une conclusion pratique.

La noblesse, de son côté, n'offre pas les ressources d'une véritable aristocratie politique, influente et honorée, comme en d'autres pays, en Angleterre par exemple. Cela tient à son origine; et la différence qui existe entre la noblesse russe et celles de France et d'Angleterre mérite d'être signalée.

La noblesse russe fut toujours un instrument du pouvoir; elle n'a pas, en général, comme en Occident, une origine féodale. L'entrée, depuis Pierre le Grand, en est toujours ouverte et elle se renouvelle constamment par le bas. Il y a la noblesse héré-

ditaire qui est la véritable, et la noblesse personnelle ;
celle-ci ne comporte en réalité qu'un titre et correspond à la partie supérieure de notre bourgeoisie
française. La première est tout autre. Ouverte à
tous encore aujourd'hui, pendant longtemps tout
officier ou tout employé de l'administration civile
ayant un grade équivalent y entrait de droit avec sa
nomination ; mais, depuis Alexandre Ier, les conditions d'entrée ont été relevées. Quoi qu'il en soit, le
nombre des nobles de toutes catégories est considérable en Russie, ce qui a permis de dire avec
raison que tout ce qui n'est point paysan, marchand
ou prêtre, est noble ; en outre, ce système a eu pour
résultat de déprécier l'institution à cause de la situation médiocre d'un grand nombre de ses membres
et de leur peu d'éducation.

Dans cet ensemble cependant dominent quelques
familles véritablement nobles, comme nous l'enten-
dons en France, qui constituent le « znat ». Les
unes proviennent des temps les plus reculés, et descendent en ligne directe des souverains russes :
40 remontent à Rurik, 8 proviennent de l'ancienne
maison souveraine de la Lithuanie, les Jagellons, —
et autant descendent des princes tartares. Les autres,
plus nombreuses, au nombre de 1,700 environ, sont

d'origine plus récente, et brillent de l'éclat des services rendus. Plusieurs, celle des Naryschkine, entre autres, n'ont aucun titre distinctif. *

L'origine étrangère d'un grand nombre de ces familles nobles est une cause de faiblesse pour la classe elle-même. Mais ce qui contribue surtout à l'abaissement de la noblesse en Russie, c'est la constitution même de la famille. Dans ce pays, en effet, l'égalité absolue règne en droit, dans les partages et dans l'hérédité des titres. Par suite, les grandes fortunes, les grandes propriétés s'émiettent, le titre seul reste entier, quel que soit le nombre des héritiers. On s'explique dès lors ces faits étonnants, rapportés par les écrivains et les voyageurs les plus dignes de foi, de nombreux rejetons princiers occupant des positions subalternes en Russie, quelques-uns même des positions très basses.

La noblesse russe ne peut donc, par la concentration de la fortune et la perpétuité de la propriété, aspirer aux prérogatives et au prestige assurés par l'autorité et l'indépendance héréditaires, éléments primordiaux de toute aristocratie politique.

Dans ces conditions, on comprend qu'il ne soit pas facile de concevoir pour la Russie une constitution politique dans laquelle une Chambre des pairs ne pourrait jouir du prestige et de la force qui lui sont indispensables.

Ce coup d'œil rapide sur l'état social de la Russie fait donc prévoir que nous sommes peut-être encore assez éloignés du jour où le grand Empire du Nord sortira, d'une manière définitive, du régime autocratique dans lequel les menées du nihilisme l'ont de nouveau rejeté. Le développement progressif et le perfectionnement du *self government* provincial, a diffusion des lumières dans la masse du peuple, en un mot l'exécution des réformes, dans le sens de la liberté, seront, croyons-nous, les moyens les plus sûrs d'y arriver.

C'est, en effet, dans la liberté qu'est le seul refuge contre les entreprises malsaines de l'esprit démolisseur. Comme toutes choses, même les meilleures, la liberté est exposée aux excès qui peuvent se commettre, aux abus qui peuvent naître sous son égide; mais elle n'en est pas moins le grand remède, en ce quelle relève l'homme à ses propres yeux, qu'elle lui fait avoir une idée exacte de sa dignité; — et la foi en soi-même, la fierté nationale, sont la meilleure sauvegarde contre les entraînements révolutionnaires.

TABLE DES MATIÈRES